KB190810

헤르만 바빙크의
기독교 세계관

다함
도서출판 **다함** 은

1. **다**윗과 **아브라함**의 자손

    아브라함과 다윗의 자손으로, 하나님 구원의 언약 안에 있는 택함 받은 하나님 나라 백성을 뜻합니다.

2. 마음과 뜻과 힘을 **다하여** 하나님을 사랑하라

    구약의 언약 백성 이스라엘에게 주신 명령(신 6:5)을 인용하여 예수님이 가르쳐 주신 새 계명
    (마 22:37, 막 12:30, 눅 10:27)대로 마음과 뜻과 힘을 다해 하나님을 사랑하겠노라는 결단과 고백입니다.

사명선언문
1. 성경을 영원불변하고 정확무오한 하나님의 말씀으로 믿으며, 모든 것의 기준이 되는 유일한 진리로 인정하겠습니다.
2. 수천 년 주님의 교회의 역사 가운데 찬란하게 드러난 하나님의 한결같은 다스림과 빛나는 영광을 드러내겠습니다.
3. 교회에 유익이 되고 성도에 덕을 끼치기 위해, 거룩한 진리를 사랑과 겸손에 담아 말하겠습니다.
4. 하나님 앞에서 부끄럽지 않도록 항상 정직하고 성실하겠습니다.

헤르만 바빙크의 교회를 위한 신학 01

기독교 세계관: 혼돈의 시대를 살아가는 그리스도인을 위한 치유

초판 1쇄 인쇄 2019년 12월 27일
초판 1쇄 발행 2020년 1월 10일
초판 3쇄 발행 2023년 9월 25일

지은이 | 헤르만 바빙크
옮긴이 | 김경필
감수 및 해제 | 강영안
펴낸이 | 이웅석

펴낸곳 | 도서출판 다함
등   록 | 제2018-000005호
주   소 | 경기도 군포시 산본로 323번길 20-33, 701-1호 (산본동, 대원프라자빌딩)
전   화 | 031-391-2137
팩   스 | 050-7593-3175
이메일 | dahambooks@gmail.com

ISBN 979-11-90584-01-2 (04230)
        979-11-90584-00-5 (세트)

혼돈의 시대를 살아가는 그리스도인을 위한 치유

헤르만 바빙크의
기독교 세계관

Christelijke
Wereldbeschouwing

화란어
직역본

헤르만 바빙크 지음
김경필 옮김
강영안 감수 및 해설

다함
도서출판

목차

"사상적 혼돈의 해독제"

이 책은 출판된 지 백년이 넘었지만, 읽어야 할 필요성은 증대되었다. 기독교 신앙을 갖는다는 것은 신과 세계와 인간을 바라보는 고유한 관점을 갖는다는 것이다. 역사와 현실, 전통과 변혁 사이에서 대화하면서 고유한 기독교적 관점을 찾으려는 노력 없이는 신앙이 삶을 위한 지혜가 될 수 없다.

이 책은 크게 세 가지 주제, 곧 사유와 존재, 존재와 생성, 생성과 행동에 대해 다루고 있다. 이 책은 『개혁 교의학: 서론』과 함께 바빙크의 철학적 신학자로서의 안목을 잘 보여주는 책이다. 하나님의 계시의 빛에 의존하지 않는 인간의 사색이 그를 자유케 할 진리에 도달하는 것을 얼마나 방해하는지를 보여준다.

세계에 대한 관점이 올바르지 않다는 것은 곧 하나님에 대한 견해가 그렇다는 뜻이며 인간에 대한 이해도 그러할 것이다. 그 속에서 자신이 누구인지를 바르게 아는 것은 더더욱 어려운 일이다. 칼빈은 그리스도인의 삶을 "선하게 질서 지워진 삶"이라고 했는데 세계에 대한 올바른 관점 없이는 하나님을 향해 그분의 의도대로 질서 지워진 삶이 불가능하게 된다. 지금 우리는 바빙크가 이 책을 쓰던 시대보다 더욱 혼란스러운 사조 속에 살고 있고, 인간의 사색의 필요성도 경시되고 있는 시대에 살고 있다. 신학생과 목회자는 물론 신자들 모두 이 책을 읽으며 지식의 근거를 분명히 하고 범람하는 세계관들을 비판하여 성경적 가르침을 신뢰할 수 있기를 바란다.

당대와 이후의 철학에 대한 충분한 이해를 가지고 있는 역자의 전문가적인 번역 능력이 이 책을 더욱 빛나게 하였음을 기쁘게 생각한다.

－ 김남준(열린교회 담임목사)

이 책은 시대를 꿰뚫는 예언자적 통찰로 가득한 작품이다. 바빙크는 당시의 상황을 "사회주의와 개인주의, 민주주의와 귀족정, 고전주의와 낭만주의, 무신론과 범신론 사이, 불신앙과 미신 사이에서 개화된 인류가 이리저리 흩어져 있다"고 묘사했는데, 이는 100년이 훌쩍 지난 현 시대 상황과 전혀 다를 바 없다. 온갖 사상의 파편화와 불균형의 역린 구조 가운데서 기독교적 세계관만이 "균형을 지키며, 사람을 하나님과 화목케 하고, 또한 그럼으로써 사람을 자기 자신과 세계와 삶과 화목케 하는 지혜"를 줄 수 있다고 바빙크는 호소한다.

추천사

이 책은 우리의 생각, 존재, 행동의 방향성을 바르게 설정해 준다. 『기독교 세계관』은 사유와 존재, 존재와 생성, 생성과 행동이라는 구조로 되어 있는데, 이 구조는 각각 인식론적 논의(존재는 어떻게 존재하며 어떻게 인식 될 수 있는가), 목적론적 논의(존재와 생성에는 어떤 목적이 있는가), 의지론적 논의(규범과 윤리는 무엇인가) 등으로 갈무리할 수 있다. 바빙크는 "객관적으로 자연적 질서와 도덕적 질서 사이의 조화를 회복시킬 뿐만 아니라, 주관적으로 우리의 사유와 행함, 우리의 머리와 가슴 사이에 어떤 영광스러운 하나 됨"이 일어나게 만드는 일을 하고자 했다. 즉 우리의 지·정·의적 전인(全人)으로 하나님을 인식·사유하고 삶 속에서 한껏 누리길 원했던 것이다.

이 책은 바빙크의 다른 작품들을 바르게 해석하는 데 상보적 도움을 준다. 『개혁 교의학』이 자랑하는 방대한 믿음의 체계와 『계시 철학』의 포괄적인 계시적 관점이 가진 사유의 깊이와 넓음은 때로는 독자들에게 어지러움을 선사하기도 하는데, 그 때 『기독교 세계관』의 컴팩트한 논의와 답변이 유용하다.

바빙크의 『기독교 세계관』은 얇지만 묵직한 책이다. 마치 작은 컵 안에 고이 담겨진 에스프레소처럼 얇은 지면 안에 바빙크 사상의 정수가 진하게 녹아있어 바빙크적 사유의 풍미를 강하게 느낄 수 있다. 그 맛은 영혼에 유익이 될 뿐 아니라, 우리의 사유 체계를 바르게 세우는데 큰 도움이 되는 맛임에 분명하다.

— 박재은(국제신학대학원대학교, 조직신학 초빙교수)

이 책은 개혁주의 신학의 대가가 남긴 기독교 세계관의 고전이자, 칼빈주의가 교리 체계가 아닌 세계관이라고 했던 아브라함 카이퍼의 주장에 대한 화답이기도 하다. 바빙크는 이 책에서 기독교 세계관이 삶에 대한 가장 정확한 관점일 뿐 아니라 모든 것이 파편화되어 버린 오늘날 모두가 갈망하는 통합적 비전을 회복하는 길임을 일관되게 강조하며, 그 세계관만이 다신론의 뿌리를 차단해 이원론을 극복하고 통일된 관점의 요구를 만족시킬 수 있다고 확신 있게 논증한다.

이 책에는 존재와 생성의 문제와 같은 형이상학의 근본 과제를 푸는 성경적 열쇠와 함께 행위의 문제와 종말론에 이르는 포괄적 세계에 대한 이해가 담겨있다. 자연의 실재성, 인간 특유의 지성적 이해와 의지, 행동의 규범은 창조주의 지혜에 기초할 때에만 근거가 있고 이해도 가능하다.

하나님의 지혜인 성경적 세계관은 우리의 관념을 참되게 하고 지혜의 기초가 된다. 바빙크는 철학사 전반을 꿰뚫는 통찰로 다양한 세계관과 철학 사상들이 왜곡된 관점에서 해결할 수 없는 문제들을 어떻게 기독교 세계관이 답해줄 수 있는지를 설득력 있게 제시하고 있다. 특별히 진리의 하나님을 놓지 않기 위해 고군분투하며 혼돈의 시대를 살아가는 현대의 그리스도인들에게 일독을 권한다.

— 신국원(총신대학교 명예교수, 웨스트민스터신학대학원대학교 초빙교수)

이 책은 나온 지 100년도 더 되었다. 그런 책을 사람들이 지금도 찾고 있다는 것은 이 책이 고전의 반열에 오를 수 있음을 시사한다. 바빙크가 제시하는 기독교 세계관을 한 마디로 정리하자면, "하나님 없이는 사유와 존재의 관계, 존재와 생성의 조화, 생성과 행동의 문제가 제대로 설명될 수 없다."는 것이다. 바빙크는 무신론적 세계관보다 유신론적 세계관이 세계를 보다 통일성 있고, 유기적으로 이해할 수 있는 길이라고 주장한다. 이 책에서 바빙크가 비판하는 대표적인 사상가들은 니체, 헤켈, 다윈, 칸트, 헤겔, 마르크스 등이다. 이렇게 굵직한 사상가들을 상대로 씨름하면서도 바빙크는 전혀 지치지 않는 모습이다. 도대체 진리를 향한 바빙크의 식을 줄 모르는 열정은 어디에서 나오는 것일까? 진리 되신 삼위 하나님을 향한 믿음, 소망, 사랑의 힘이라고 말할 수밖에 없다.

이 책을 읽는 사람들은 니체에 대한 바빙크의 비판에서 진리-이후(Post-Truth) 시대의 문제점을, 헤켈과 다윈에 대한 그의 비판에서 기계주의와 자연주의의 문제점을, 칸트의 이율배반과 헤겔의 철학적 교만과 마르크스의 내적 모순을 발견할 수 있을 것이다. 그리고 온 지성과 마음과 뜻과 힘을 다해 하나님을 사랑하고 섬기는 삶, 하나님께서 받으실 만한 거룩한 산 제물이 되는 삶, 참 지혜이신 그리스도와 연합하여 온 땅이 주님을 아는 지식으로 가득할 때까지 진리를 확장시키며 진리를 살아내는 삶을 꿈꾸며 마음을 다잡게 될 것이다.

– 우병훈(고신대학교 신학과 교의학 교수)

본서는 깜뻔에서 『개혁 교의학』을 완성하고 깜뻔 신학교에서 자유대학교로 옮긴 바빙크의 학문적 여정의 새로운 단면을 보여주는 책이다. 그가 평생 신학교수로 사역한 것은 분명하지만, 본서는 그가 성경과 계시에서 출발하고 근거하여 당대의 학문과 대결하면서 세계관을 정립하려는 작품이다. 바빙크는 자기 시대를 혼란과 분열의 시대로 보고, 기독교는 비판적인 사상과 철학으로부터 무시당하고 끝장이 났다는 비난을 받고 있을 때, 계시의 하나님과 그의 계시로부터 이런 철학과 사상을 논박하면서 계시에 기초한 기독교 유신론적 세계관만이 분열을 화해하는 유일한 해결책이라고 역공한다. 이런 당찬 확신과 행동이 지금 한국교회에서도 절실하게 필요하다.

바빙크는 서양 사상과 자기 당대의 철학을 자연학(존재론), 논리학(인식론), 그리고 윤리학 또는 사유와 존재, 존재와 생성, 그리고 생성과 행동 등 3부로 나누어 그 분열을 분석·비판하고

11

대안으로 기독교 세계관을 제시한다. 그는 당대에 분열된 경험론과 관념론의 양극단을 넘어 유신론적 실재론을, 유물론과 유심론을 넘어 유기체론을, 자주성과 무질서를 넘어 신율사상을 제시한다. 하나님의 말씀과 지혜는 형이상학적 원리로서 하나님의 의식 안의 이념들, 사물들의 존재와 본질을 이루는 형상들, 그리고 우리의 삶의 규칙들로 수립된 규범들을 아주 긴밀하게 연관시킨다. 하나님의 이념을 실행하는 창조 고백은 모든 인식과 학문의 토대이다. 사유와 존재, 존재와 생성 사이를 연결하는 이념들은 생성과 행동에도 유기체적 조화를 가져오며, 지성적·신비적·윤리적 요소들은 서로 균형을 이룬다. 그러나 이런 조화와 균형은 죄로 인하여 파괴되었고, 기독교만이 도덕적 타락과 인간 본성의 무능을 온전히 인식하면서도 우리에게 구원의 길을 열어준다. 성경은 창조 계획 안에 이미 구원 계획이 포함되어 있다고 계시한다. 창조를 새롭게 하는 성령이 죄인도 변화시켜 지성과 마음, 사유와 행동을 하나님의 이념에 일치시킴으로 하나님의 아들의 형상을 닮게 됨이 인류의 목적이다. 바빙크는 하나님의 지혜가 그리스도 안에서 육신이 되셨듯이, 진리 역시 마찬가지로 우리 안으로 들어와야 하며, 자유의 길 안에서 우리의 개인적이고 정신적인 소유물이 되어야 한다고 강조한다.

비록 21세기 한국에서 사상적 분열이 19세기 유럽과는 다른 방식으로 전개되고 있지만, 진리는 객관적이며 종교는 포괄적이기 때문에 이 땅에서도 확고한 세계관이 사무치도록 필요하다. 바빙크의 결론을 따라, 개혁주의적 세계관은 이 모든 것들을 가장 명료하게 표현해 왔기 때문에, 개혁주의적 세계관은 현시대의 높은 열망들과 울부짖는 필요들에 가장 적합하다고 확신한다.

― 유해무(고려신학대학원 교의학 은퇴교수)

추천사

역자 서문

이 책은 헤르만 바빙크(Herman Bavinck)의 『기독교 세계관』
(*Christelijke Wereldbeschouwing*) 제3판(1929)의 한글 번역본입니다.

　바빙크는 이 책에서 19세기 이후의 시기를 분열의 시대로 특
징짓습니다. 칸트의 관념론은 존재를 사유에 흡수시켰으며, 사
물 그 자체를 알 수 없는 것으로 여깁니다. 그럼에도 우리는 일
상생활에서 사물 그 자체와 관계를 맺는다고 믿고 있으며 사물
그 자체를 끊임없이 알고자 하는 욕망을 가집니다. 바빙크는 칸
트 이후의 근대 사상은 모두 사유와 존재를 통합시키지 못하며,
이러한 분열이 우리의 삶 전반의 영역에 영향을 미친다고 보았
습니다. 어떤 이들은 존재의 문제를 해결하기 위해 '실체'라는
개념 대신에 '생성'이라는 개념을 가장 기본적인 요소로 파악했
고(역본설, 진화론), 다른 이들은 유용성(실용주의)과 행동(행동주의)
을 근원적인 요소로 보았습니다. 이러한 다양한 관점들은 각각
다양한 세계관을 낳았습니다. 그러나 바빙크가 보기에 이것들
은 모두 미봉책에 불과하며 인간 안의 근원적인 분열을 해결하

지 못합니다. 바빙크는 오직 하나님께서 사유와 존재가 합치하도록 세상을 창조하셨고, 그리스도의 십자가만이 죄로 인한 분열을 치유한다고 말하는 기독교 세계관만이 참된 세계관이라고 주장합니다.

바빙크는 자신이 살았던 20세기 초에 대해 비록 이렇게 진단하고 있지만, 그의 진단은 오늘날 21세기의 상황에도 꼭 들어맞습니다. 포스트모더니즘 시대의 사조들은 동일성보다는 차이, 존재보다는 생성, 진리 그 자체보다는 유용성과 실천을 강조합니다. 독자는 이 책을 통해서 기독교 세계관이 이 시대를 향해 제공하는 학문적, 사상적 치유와 회복을 얻을 수 있을 것입니다.

이 번역본을 읽으실 때에 몇 가지 참고하실 사항을 알려드립니다. 이 책은 본래 바빙크의 강연으로, 현장감을 살리기 위해 경어체로 번역했습니다. 그리고 바빙크가 제2판(1913)을 내었을 때 각 장에는 제목이 달려 있었으나 소제목은 달려 있지 않았고, 바빙크 사후에 제3판이 나왔을 때에도 마찬가지였습니다. 하지만 바빙크가 제2판을 내었을 때에는 책 뒤에 간략한 내용 설명을 실었고, 그 내용 구분을 토대로 역자가 소제목을 달아 넣었습니다. 그리고 번역의 특성상 어순이 재배열되어 문장 중간에 페이지가 바뀔 경우 그 지점을 표시하기가 어렵기 때문에, 부득이하게 원문에서 페이지가 바뀐 후 문장이 끝난 곳에(즉, 마침표가 찍혔을 때) 원문의 페이지를 표기했습니다. 각주의 인용 자료들은 투레비안(Turabian) 양식을 따라 정리했으며, 원문에서 생략된 서지 정보들은 역자가 보충했습니다. 그리고 출판사의 의견에 따라 원문 및 각주의 라틴어 및 로마자로 음역된 그리스어는 이탤릭체로, 바빙크 자신의 원문 이탤릭체는 볼드체로 표시했습니다.

이 책을 번역하도록 제안해 주신 도서출판 다함의 이웅석 대표님, 그리고 교정을 봐주신 김태윤 편집자님께 감사드립니다. 또 이 책이 더 좋은 책이 되도록 감수 및 지도해 주신 강영안 지도교수님께도 감사드립니다. 그리고 이 책은 대구 동신교회 엘피스 장학금을 받는 동안 번역되었음을 알려드립니다. 진태옥 권사님과 권성수 목사님께 심심한 감사의 말씀을 전합니다. 유학 중 모든 행정적인 지원을 맡아주신 대구 새누리교회 최진구 목사님께도 진심으로 감사드립니다. 번역을 기도로 응원해 준 사랑하는 그랜드래피즈 한인교회 헤세드 청년부 지체들에게도 감사를 표합니다. 끝으로, 기도와 사랑으로 후원해 주시는 양가 부모님, 그리고 사랑하는 아내 보배와 아이들(다빈, 성빈)에게 사랑을 담아 감사의 마음을 전합니다.

2019년 11월 그랜드래피즈에서,

김경필

기독교 세계관

헤르만 바빙크의 『기독교 세계관』

여러분은 지금 헤르만 바빙크(Herman Bavinck)의 강연문 『기독교 세계관』의 한국어 번역본을 손에 들고 계십니다. 미국 칼빈 신학교에서 바빙크 신학을 주제로 박사학위 논문을 준비하고 있는 김경필 목사가 번역했고, 제가 네덜란드어 원문을 토대로 번역을 검토했습니다. 여러분 가운데는 신학자 바빙크의 이름은 들어보았지만, 그의 저작을 아직 제대로 읽어보지 못한 분도 계실 것이고, 또 이미 바빙크의 여러 저서들을 접하신 분도 계실 것입니다. 목회자들 가운데 연세가 많으신 분들은 '헤르만 바빙크'는 듣지 못해도 '헬만 빠빙'을 기억하는 분은 꽤 많이 계시리라 생각합니다. 왜냐하면 창세기에서 요한계시록까지 성경 전체 주석을 쓰신 박윤선 목사님이 헤르만 바빙크를 이렇게 표기하여 그분의 주석에 자주 인용하셨기 때문입니다. 저는 이 글에서 바빙크의 『기독교 세계관』이 나오기까지 바빙크가 한 작업을 먼저 짧게 이야기하고 바빙크와 철학의 관계를 잠시 살펴보겠습니다. 그리고 세계관의 문제에 바빙크가 관심을 가진 이유와 바빙크의 신학과 철학이 오늘 우리에게 주는 의미를 이야기해 보겠습니다.

- 이 글에서 몇몇 고유명사는 원래 네덜란드어 발음에 가장 가깝게 표기하겠습니다. 예컨대 우리나라에서 잘못 통용되고 있는 도예베르트는 '도이여베이르트'(Dooyeweerd)로, 벌카워

또는 베르카우어는 '베르까우브르'(Berkouwer)로, 지명 프라네커와 흔히 캄펜이라 부르는 지명은 '프라느끄르'(Franeker)와 '깜쁜'(Kampen)으로 소리나는 대로 표기합니다. 카이퍼는 원래 '꽈이쁘르'에 가깝지만, 워낙 오랫동안 이 방식으로 불렸기 때문에 여기서는 그냥 그대로 '카이퍼'라 표기합니다. 여기에 밝힌 이름이나 지명 밖에도 우리가 익숙한 방식보다는 가능하면 네덜란드어에 가까운 발음으로 옮겨 표기하려고 애썼습니다.

• 카이퍼와 바빙크 관련 국내 문헌들을 통해 익숙한 '반립'과 '일반 은총'은 이 글에서 '대립'과 '공통 은혜'로 바꾸었습니다. 이 개념이 등장하는 맥락을 통하여 이렇게 바꾸어 표현한 이유를 어렵지 않게 이해할 수 있으리라 믿습니다.

• 이 글을 읽고 여러 가지 제안을 해 주신 고신 신대원 유해무 은퇴 교수, 총신 신대원 이상웅 교수, 고신대 우병훈 교수, 미국 칼빈 신학교에서 바빙크로 논문을 쓰고 있는 김은득 목사에게 감사를 드립니다.

바빙크의 『기독교 세계관』은 1904년 암스테르담 자유대학교
총장직을 마치면서 바빙크가 교수와 학생들 앞에서 한 강연입
니다. 네덜란드에서는, 유럽의 다른 지역 대학과 마찬가지로,
누군가가 교수로 취임하거나 떠날 때, 총장직을 맡거나 총장직
을 다른 교수에게 넘겨줄 때, 자신이 선택한 주제를 가지고 강
연을 하는 전통이 오랫동안 이어져 왔습니다. 아브라함 카이퍼
가 네덜란드 수상이 되어 교수직을 사퇴하고 떠나자, 바빙크는
그의 후임으로 거의 19년간 교수직을 맡고 있던 깜뻔(Kampen)
신학교를 떠나 1902년 암스테르담 자유대학교 신학부 교의학
교수직을 맡게 되었습니다. 그러고는 1904년 총장직을 마치면
서 선택한 강연 주제가 '기독교 세계관'이었습니다. 왜 하필 이
주제였을까요?

　바빙크의 이름을 들어 보셨거나 이미 그의 저서들을 읽은 분
은 그의 대표작 『개혁 교의학』(Gereformeerde Dogmatiek)과 오래
전에 우리말로 번역되어 나온 『하나님의 큰 일』(Magnalia Dei)을

알고 계시리라 믿습니다. 깜쁜 신학교 교수 시절(1883-1902) 바빙크는 교의학과 윤리학 강의에 집중했습니다. 그의 강의를 토대로 저술한 『개혁 교의학』은 1895년부터 1901년까지 네 권으로 나누어 출판되었습니다. 암스테르담 자유대학교로 옮긴 뒤 바빙크는 이 책의 내용을 훨씬 더 확대하여 1906년부터 1911년까지 작업한 개정판을 다시 네 권으로 나누어 출판합니다. 최근에 영역판이 나오고 우리말로도 번역되면서 사람들의 관심을 다시 끌게 되었습니다. 그런데 네덜란드에서는 이 책이 나온 이후로 한 번도 절판된 적이 없이 지금까지 계속 살아남아 있었습니다. 그만큼 무게가 있고 인정받는 책이었던 셈이지요.

바빙크의 교의학이 나온 뒤에도 네덜란드 신학계는 그를 이어 여전히 교의학과 관련된 작업을 펼쳤습니다. 예컨대 노르드만스(Oepke Noordmans)와 판 룰러(A. A. van Ruler)의 교의학 작업이 있었고, 2차 대전 이후에는 베르까우브르(G. C. Berkouwer)와 또른플리트(G. Toornvliet)가 편집해서 낸 『교회의 교의』(*Het dogma der kerk, Grongingen*: Jan Haan, 1949), 베르까우브르 자신의 『교의학 연구』(*Dogmatische studien*, 1949-1972, 18권), 베르크호프(Hendricus Berkhof)의 『그리스도교 신앙』(*Het Christelijke geloof*, 1978)과 판 헨드른(J. van Genderen)과 페일르마(W.H. Velema)의 『개혁 교의학 개요』(*Beknopte geformeerde dogmatiek, Kampen*: Kok, 1992) 그리고 최근에 나온 판 드르 꼬이(C. van der Kooi)와 판 든

브링크(C. van den Brink)의『기독교 교의학』(Christelijke dogmatiek, 2011)이 나왔습니다. 하지만 바빙크의『개혁 교의학』을 능가할 저서는 아직 나오지 않았습니다. 방금 열거한 책들은 20세기 유럽 문화와 사회 속에서 인간이 당면한 문제들을 생각한다는 점에서 많은 장점이 있지만, 그럼에도 바빙크의『개혁 교의학』은, 지난 이천 년 기독교 역사를 통해 하나님의 백성들이 믿고 따른 신앙 고백의 전통을 훼손함 없이, 역사와 성경과 신앙 안에서 철저한 사고의 과정을 거쳐 현대의 상황에 맞게 재해석했다는 점에서 보면 여전히 중요한 텍스트임이 틀림없습니다.

바빙크는 깜쁜 신학교와 암스테르담 자유대학교의 교의학 교수였지만 교의학과 나란히, 교의학 외에도, 윤리학과 철학을 가르쳤습니다. (암스테르담으로 옮긴 뒤에는 윤리학과 철학은 더 이상 가르치지 않았습니다. 왜냐하면 철학은 얀 볼쯔르(J. Woltjer)가 있었고 윤리학은 빌헬름 헤이싱크(W. Geesink)가 있었기 때문입니다.) 바빙크의 신학에서 보면 기독교 신앙 교의를 다루는 교의학과, 그 가르침을 인간의 구체적 삶 속에서의 실천을 다루는 윤리학은 동전의 양면처럼 서로 짝을 이루는 분야였습니다. 바로 이러한 점에서 바빙크는, 윤리학을 마치 교의학의 부록처럼 다루거나, 교의학과 완전히 분리하여 다루거나, 윤리학과 교의학을 하나처럼 생각하고 다룬 사람들과는 달랐습니다. 바빙크는 교의학과 윤리학이 내용으로는 구분되지만 지식의 성격과 현실 연관성에서 보면 분

기독교 세계관

리될 수 없다고 생각했습니다. 바빙크를 따르면 교의학은 하나님께서 인간을 위해, 인간에게, 인간 안에서 행하신 일을 다루고, 윤리학은 하나님이 행하신 일을 기초로 인간이 하는 행동을 다룹니다. 교의학은 신앙의 신조들을 다루지만, 윤리학은 십계명의 명령들을 다룹니다. 교의학에서는 인간이 수동적인 자리에 있지만, 윤리학에서는 능동적인 행위자가 됩니다. 교의학에서는 믿음에 초점이 맞추어지지만, 윤리학에서는 사랑과 순종과 선행에 초점이 맞추어집니다. 교의학은 하나님을 아는 지식의 체계이지만, 윤리학은 하나님을 섬기는 지식의 체계입니다. 이런 방식으로 바빙크는 교의학과 윤리학, 신앙의 가르침과 삶의 실천을 서로 구별되면서도 매우 긴밀하게 연결된 것으로 보았습니다. 그러므로 바빙크의 신학 정신을 따른다면 기독교 윤리학을 하는 사람이 교의학을 도외시할 수 없고, 교의학을 하는 사람이 윤리학을 외면할 수 없습니다. 하나님과 인간은 언약관계에 있고 교리와 삶은 동전의 양면처럼 서로 연결되어 있기 때문입니다. 믿음과 삶의 관점에서 보자면 입으로나 말로, 또는 생각으로는 믿는다고 하면서 삶에서 믿음이 행위로 드러나지 않는다면 열매 없는 믿음이 될 것이고, 믿음의 행위가 있다고 하면서 참된 앎에 기초한 믿음이 아니라면 뿌리 없는 믿음이 될 것입니다. 바빙크가 이처럼 교의학과 윤리학을 긴밀하게 연관된 것으로 볼 수 있었던 이유는, 인간의 삶 안에서 참된 진리를 안다는 것은 무엇이며, 그 진리를 따른다는 것은 무엇인가 하는 철학적 질문이 그에게 있었기 때문입니다. 그러면 바빙크는 철학을 어떻게 바라보았을까요?

기독교 세계관

2 ——————— 바빙크와 철학

바빙크는 철학에 대한 관심을 평생 내려놓은 적이 없었습니다. 철학에 대한 그의 관심은 크게 두 갈래로 나타납니다. 하나는 신학의 학문적 성격과 방법 및 신학의 원리를 드러내는 일이고, 다른 하나는 삶과 관련된 문제를 철학의 방식으로 다루는 일입니다. 신학과 관련해서 바빙크가 가르치던 당시 신학교에서는 '신학 백과사전'이란 과목이 있었습니다. 이때 '백과사전'은 흔히 말하는 '사전'과는 무관합니다. '백과사전'(Encyclopedia)은 희랍 전통에 뿌리를 둔 것으로 인간이 인간답기 위해서 반드시 받아야 할 교육의 총체를 뜻하는 말입니다. 그런데 이것이 철학이나 신학, 그리고 나아가서 인간을 다루는 지식에 적용될 때는, 지식의 총체 안에서 부분과 전체의 상호 관계, 지식의 원리와 방법, 지식의 목표, 지식과 인간, 지식과 존재 세계의 관계를 탐구하고 가르치는 지적 작업으로 이해되었습니다. 제가 루뱅대 철학과에서 공부할 때 철학 전공 1학년생들이 수강해야 하는 '철학 백과사전'이라는 과목을 들었습니다. 이 시간은 철학과에서 가장 연로하신 앙드레 빌르만(André Wylleman) 교수가 가르쳤습니다. 철학의 개념과 역사, 철학에서 사용되는 기본 개념들의 상관 관계, 철학의 분류, 철학의 서지 작업 등을 다루었습니다. 바빙크는 깜쁜 신학교에서 『신학 백과사전』을 가르쳤습니다. 오늘 신학대학원을 다니는 사람들에게는 — 완전히 일치하지는 않지만 — '신학서론'이란 과목이 이 분야와 아마도 가장 가깝지 않을까 생각합니다. 불행하게도 이 분야에 관심을 가지고 그것을 전문적으로 가르칠 수 있는 신학자가 거의 없는 실정입니다.

바빙크는 1880년 레이든 대학교 신학부에서 「울리히 츠빙글리의 윤리학」이란 논문으로 신학박사 학위를 받았습니다. 그러다가 곧 프라느끄르(Franeker)에서 잠시 목회 생활을 하다가 깜쁜 신학교 교수가 됩니다. 1883년 1월 10일 신학교 교수로 취임할 때 바빙크는 『신학이라는 학문』(De wetenschap der Heilige Godgeleerdheid)의 제목으로 강연을 합니다. 바빙크가 애초부터 신학의 학문성과 방법, 신학의 원리와 목적, 신학의 세부 분류와 세부 분야 간의 상호 관계에 애초부터 관심이 있었음을 이 주제 선택이 벌써 명확하게 보여줍니다. 신학의 학문성 및 학문의 체계 안에서의 고유성에 관해서는 바빙크가 교수가 되기 이전부터 이미 개념을 정립하여 가지고 있었습니다. 이에 대한 관심은 1880년 목사 안수 직후 깜쁜에서 쓴 「믿음의 학문」

("Geloofswetenschap")과, 1881년의 「개혁 신학」("Gereformeerde theologie"), 그리고 1882년 프라느끄르에서 목회할 때 쓴 「우리 교회의 학문적 소명」("De wetenschappelijke roeping onzer kerk")에서 드러나기 시작합니다. 1888년 깜쁜 신학교 총장 취임 강의 『기독교와 교회의 보편성』(*De katholiciteit van Christendom en kerk*), 1892년의 『신학과 종교학』(*Godgeleerdheid en godsdienstwetenschap*), 1905년 자유대학교에서 새 학년도를 시작할 때 한 강의, 『학식과 학문』(*Geleerdheid en wetenschap*)에 이르기까지 학문으로서의 신학과 교회와 사회 속에서의 신학의 위치에 관한 바빙크의 물음은 계속 이어집니다. 신학이 어떤 학문이며, 어떤 원리와 방법, 어떤 목적을 가지고 있는지 바빙크는 줄곧 물었습니다.

바빙크는 신학의 학문성에 관한 물음을 교회의 한 구성원으로, 기독교 신앙과 삶을 염두에 두고 늘 물었습니다. 하지만 이 물음 자체는 철학적 물음입니다. 왜냐하면 그것은 신학과 신앙과 교회의 정체성에 관한 물음이고, 그것의 본질에 관한 물음이기 때문입니다. 예술가는 '예술'이 무엇인지 묻지 않고, 과학자는 '과학'이 무엇인지 묻지 않습니다. 예술가가 예술에 관해서 묻고, 과학자가 과학에 관해서 물을 때, 그들은 철학자가 되는 셈입니다. 신학자도 마찬가지로 '신학'에 관해서 물을 때 일종의 철학자가 됩니다. 그런 점에서 바빙크는 신학에 관한 철학

(신학 철학)을 평생 했다고 말할 수 있습니다. 그런데 이 일은 그에게 신학 외적 작업이 아니라 신학 내적 작업이었습니다. 바빙크는 어떤 학문이 학문이 되기 위해서는 학문의 대상이 있어야 한다고 믿었습니다. 신학도 다른 학문과 마찬가지로 확실하게 대상이 있습니다. 신학의 대상은 삼위 한 분 하나님과 그 하나님이 하시는 일입니다. 그렇기 때문에 신학도 학문의 지위를 누릴 뿐만 아니라 자기에게 고유한 원리와 방법을 가지고 있다고 믿었습니다. 이것을 드러내고 보여주는 작업 자체는 사실은 철학적 작업이라 해야 할 것입니다. 그런데 이 작업을 바빙크는 신학 안에서, 신학자의 입장에 서서 했습니다. 철학과 신학의 경계선이 모호한 듯 보이지만 바빙크는 어디에서도 철학과 신학을 구별하는 정의를 제시하지 않으며, 둘 사이의 차이를 분명하게 선을 그어 말하지 않습니다. 왜냐하면 이 둘은 분명히 구별되면서도 분리될 수 없을뿐더러 때로는 상호 침투적일 수밖에 없기 때문입니다. 좋은 철학을 하기 위해서는 좋은 신학이 필요하고 좋은 신학을 하기 위해서는 좋은 철학이 필요합니다. 이 점에서 바빙크는 아우구스티누스와 니사의 그레고리우스를 위시한 카파도키아 교부들, 그리고 토마스 아퀴나스의 전통을 따르고 있습니다.

바빙크가 깜쁜에서 신학 교수를 할 때 신학뿐만 아니라 철학도 즐겨 가르쳤다는 사실은 잘 알려져 있습니다. 그의 철학 강

기독교 세계관

의 노트가 남아 있는지, 그가 강의 시간에 어떤 내용을 강의했는지, 구체적으로 알려주는 자료는 아직 공개된 적이 없습니다. 하지만 철학적 윤리학과 관련해서 그가 강의한 내용은 『개혁 윤리학』(*Gereformeerde Ethiek*)과는 별도로 곧 출판될 예정입니다. 바빙크가 살아 있을 때 출판한 저술 가운데는 이 책『기독교 세계관』이 아마도 그의 철학적 관심을 가장 분명하게 보여주지 않을까 생각합니다. 이 책 외에도 『현대의 도덕』(*Hedendaagsche moraal*, 1902)과 『기독교 학문』(*Christelijke wetenschap*, 1904), 그리고 1908년 프린스턴 신학교에서 한 강연 『계시 철학』(*Wijsbegeerte der openbaring*, 1908) 등을 통해서 우리는 바빙크의 기독교 철학을 접할 수 있습니다. 누구보다도 바빙크를 깊이 연구한 얀 페인호프(Jan Veenhof)의 증언을 따르면 바빙크는 1921년 갑자기 이 땅을 떠나기 직전까지 3년간이나 자유대학교 강의실에서 지식의 문제를 다룰 정도로 철학에 대한 관심을 손에서 놓지 않았습니다. 바빙크는 삶의 후반기에 이르러 교수직을 내려놓고 기독교 철학에만 온전히 힘을 쏟을 가능성을 심각하게 고려했다고 바빙크의 학창 시절의 친구이며 자연 과학자였던 뉴브하의스(W. H. Nieuwhuis)가 증언했다는 자신의 아버지 구약학자 페인호프(C. Veenhof)의 글을 얀 페인호프는 인용하고 있습니다. 배경에 관한 이야기는 이 정도로 그치고, 이제 '기독교 세계관'에 관해서 생각을 해보면 좋겠습니다.

3 ──────── 왜 세계관인가?

바빙크는『기독교 세계관』에서 세 가지 문제를 다루고 있습니다. 첫 번째 문제가 존재의 문제이고, 두 번째 문제가 생성의 문제이며, 세 번째 문제가 행위의 문제입니다. 존재의 문제는 존재를 접근하고 파악하고 이해하는 지식의 관점에서 다루어지고, 생성의 문제와 관련해서는 우리 주변의 세계, 이 가운데서 특히 자연의 문제가 논점을 이루며, 행위의 문제에 있어서는 윤리와 형이상학의 정초 관계 문제가 중점적으로 논의되고 있습니다. 이 세 문제는, 철학의 근본문제를 로고스(*logos*, 논리학)와 퓌시스(*phusis*, 자연학)와 에토스(*ethos*, 윤리학)의 문제로 나누는 희랍 전통에 뿌리를 두고 있습니다. 그런데 바빙크에게 있어서 독특한 점은, 고전 철학의 이 세 주제들이 바로 '세계관'의 근본 주제들로서 파악되고 있다는 것입니다. 바빙크가 자신의『계시 철학』을 시작할 때, 우리가 접할 수 있는 세계관은 고대 바빌론의 세계관과 현대 경험 과학적 세계관밖에 없다고 과장스럽게 표현한 휴고 빙클러(Hugo Winckler)의 말을 인용했던 것과 유사하게, 이 책도 세계관을 언급하는 말로 시작합니다. 아니, '세계관'을 언급함으로 시작할 뿐만 아니라 책 제목 자체가 『기독교 세계관』입니다. '세계관'은 오늘날의 사람들 귀에 너무 익숙하지만, 당시의 보통 사람들에게는 오늘만큼 그렇게 낯익은 말은 아니었습니다. 물론 칸트 이후 독일을 중심으로 철학자나 신학자들은 '세계관'이란 말을 자주 썼습니다.

그런데 왜 하필 '세계관'일까요? 그냥 '기독교 철학'이라고 해도 되었을 텐데 군이 '기독교 세계관'이라는 제목을 붙인 이유가 무엇일까요? 1904년 자유대학교 총장직을 마치면서, 관례대로 대학 구성원 앞에서 위임 연설을 할 때 이 주제를 택했습니다. 배경이나 이유를 알 수 있도록 도와주는 서술이 지금까지 나온 바빙크 연구나 전기에 나오지 않습니다. 그러나 그가 쓴 글과 다룬 주제를 보면 바빙크가 고전적인 철학 문제를 다루면서 왜 '세계관'이란 이름으로 접근하는지를 어느 정도는 읽어낼 수가 있습니다. 무엇보다도 이 책 첫머리에 등장하는 바빙크의 문제의식을 알게 되면 세계관이 어떤 기능을 부여받는지 짐작할 수가 있습니다.

바빙크는 그의 강연을 (나중에 단행본으로 출판되게 되는 이 책을) 시작할 때, 19세기에서 20세기로 이행하는 시대의 성격을 먼저 규정합니다. 이러한 이행의 시대의 특징은, 학문의 관점에서 보면 역사학과 자연 과학의 등장과 발전이라 말할 수 있고, 문화

31

와 기술, 정치의 관점에서 보면 동서의 교류와 새로운 기계의 등장, 해방의 열망과 민주주의의 확산이라고 얘기할 수 있습니다. 종교와 사상의 관점에서 보면 새로운 낭만주의와 신비주의의 출현을 말할 수 있고, 도덕적 삶과 관련해서 보면 자기 자신이 스스로의 삶의 주인 됨을 주장하는 무정부주의의 출현 등을 시대의 특징으로 말할 수 있습니다. 그러나 바빙크는 이 이행하는 시대 전체를 아우르는 특징을 '내적 분열'(de innerlijke tweespalt)과 '끊임없는 불안감'(de onrustige gejaagdheid)에서 찾습니다. 바빙크가 볼 때 자신이 살고 있는 시대는 사유와 감정, 의지와 행동 사이의 부조화, 학문과 삶 사이의 분열로 특징지어지며, 그리하여 그것은 세계 및 인생에 관한 통일된 관점이 결여된 시대였습니다. 그런데 생각해 보십시오. 사람은 분열 가운데, 불안 가운데 홀로 견디면서 살 수 있는 존재가 아닙니다. 그러므로 온갖 노력이 자연스럽게 등장할 수밖에 없습니다. 참된 세계관의 요구와 필요성, 수많은 거짓 세계관들의 등장을 바빙크는 바로 삶의 이런 맥락과 연관지어 보게 됩니다.

'세계관'(Weltanschauung; worldview)이란 말을 최초로 쓴 철학자는 임마누엘 칸트입니다. 칸트는 인간을 주변 세계를 보고 느끼고 그렇게 해서 모은 다양한 것들을 개념과 이념을 통하여 종합하고 판단하는 능력을 가진 존재로 보았습니다. 바빙크도 이 점에서 칸트의 관점을 전적으로 수용합니다. 어떤 의미에서 '세계관'이라는 용어는 인간이 눈으로 사물을 보는 존재이고 단순히 볼 뿐 아니라 자세히 들여다볼 수 있는 존재이며, 들여다볼 뿐만 아니라 일정한 관점과 입장을 가지고 볼 수 있는 존재라는 점과 밀접하게 연관이 되어 있습니다. 사람은 눈앞에 드러난 것, 눈앞에 보이는 것을 봅니다. 이렇게 보는 것을 한자로 '볼 견(見)'이라 표현합니다. 보이는 것을 좀 더 꼼꼼하게 보느라 사물을 들여다볼 수 있습니다. 이렇게 보는 것은 '볼 시(視)'입니다. 여기서 한 걸음 더 나아가 일정한 하나의 관점과 입장을 가지고 볼 수 있습니다. 이렇게 보는 것은 '볼 관(觀)'입니다. '세계관'은 보이는 것을 보거나, 단지 응시(凝視), 주시(注視)하는 것에 그치지 않고, 전체를 통합할 수 있는 관점을 가지고 보는 것이라 할 수 있습니다. 세계관에 얽힌 개념의 역사는 최근에 우리말로 번역된 노글(David K. Naugle)의 『세계관, 그 개념의 역사』(*Worldview: The History of a Concept*, CUP 역간, 2018)를 통하여 자세하게 알 수가 있습니다. 중요한 것은 바빙크가 자신이 살고 있던 시대에는 "세계와 삶에 대한 하나의 통일된 관점이 결여되었다"고 보고, 그렇기 때문에 '세계관'이라는 단어가 현시대의 구호가 되었을 뿐 아니라 사람들이 그것을 찾고자 애쓴다고 보고 있다는 점입니다. 세계관에 관한 세 가지 연관된 사항을 우리는 바빙크에게서 발견할 수 있습니다.

첫째, 19세기 말과 20세기 초 유럽의 사상과 문화, 유럽의 삶이 말하자면 일종의 '파편화'를 경험하고 있다는 사실을 바빙크는 감지했습니다. 오늘도 여전히 큰 차이는 없지만, 정치와 경제, 학문과 예술, 종교와 철학은 삶 속에서 하나로 통합되어 이해되기보다, 각각 마치 독립된 자율적 영역인 것처럼 나누어졌으며, 각 영역들 안에서도 다양한 사상과 이념들이 서로 엇갈리는 상황이 빚어지고 있었습니다. 한편으로는, 삶이 지닌 초자연적이고 영적인 차원은 부인되고 오직 자연적이고 물질적인 삶만 참된 삶인 것처럼 주장되거나, 다른 한편으로는, 자연적이고 물질적인 삶은 마치 아무것도 아닌 것처럼 부정되고 신비적인 체험만을 추구하는 일도 생겼습니다. 삶은 쪼개지고 중심은 사라진 그런 삶의 정황에서 도무지 더 이상 견딜 수 없을 때 누구나 전체를 통합할 수 있는 '어떤 무엇'을 찾게 됩니다. 둘째, 바로 그 '어떤 무엇', 삶을 하나로 통합할 수 있는 그 무엇이 곧 '세계관과 인생관'(wereld- en levensbeschouwing)이었다는 것이지요. 이 용어는 독일 철학자들이 쓰기 시작했지만, 영국과 네덜란드로 전파되었고 이제는 철학자들만 쓰는 말이 아니라 시대의 구호가 되었다고 바빙크는 보았습니다. 셋째, 시대의 흐름에 함몰되지 않고 그 가운데서 자각적인 노력을 하는 사람들에게는 자신들의 삶과 현실에 적합한 세계관을 찾는 것이 그들의 일(arbeid)이 되었다고 바빙크는 지적하고 있습니다. 세계관을 찾는 것이 일이 되었다는 것은, 삶 전체, 세계 전체, 인간의 역사

기독교 세계관

전체를 바라볼 수 있는 한 지점에 서 보아야 할 필요를 의식하고, 온 힘을 다하여 그렇게 하고자 하는 의지가 세계관 논의에 필연적으로 개입한다는 뜻입니다. 이런 의미에서 세계관에 대한 이야기는 의도적이고 반성적입니다. 상당한 지적 노력이 없이는 해낼 수 없는 작업임이 틀림없습니다.

잠시 물러서서 생각해 봅시다. 어떤 내적 분열과 불안, 부조화와 불균형을 의식할 때 여러분은 어떻게 하겠습니까? 물론 그것이 어떤 영역, 어떤 문제와 관련된 분열과 부조화인지 확인이 되어야 할 것입니다. 그리고 어떤 수준, 어떤 위상에서 발생한 분열과 부조화인지도 확인이 되어야 그것을 극복할 수 있는 대안을 생각할 수 있을 것입니다. 바빙크가 직면한 문제는 시대의 분열, 시대의 부조화와 불균형이었습니다. 이 '시대'는 그 속에 정치와 문화, 사상과 예술, 종교와 도덕 전체를 포괄한 개념입니다. 그러므로 시대의 문제를 포괄할 수 있는 세계관도 포괄적 세계관이어야 할 것입니다. 하나의 대안은 예컨대 유물론이나 유심론의 관점에서 모든 것을 바라보는 것입니다. 또는 무신론과 유신론의 관점에서 세계와 인간을 바로 보는 관점입니다. 또는 철저히 인간중심주의의 관점에서 바라보는 것도 하나의 대안일 수 있습니다. 문제는, 과연 어떤 관점이 세계와 인간의 삶을 가장 잘 설명하며, 현재의 삶에 의미를 부여하고 미래의 삶에 희망을 줄 수 있는가 하는 것입니다. 바빙크는 기독교에서

해설

찾을 수 있는 세계관만이 시대의 물음에 답이 된다는 확신을 가졌습니다. 바빙크가 말하는 세계관의 내용을 구체적으로 들여다보기 전에, 세계관에 대한 바빙크의 관심을 당시 교회의 상황과 관련해서 좀 더 살펴보았으면 좋겠습니다.

4 ——————— 세계관에 대한 바빙크의 물음

바빙크는 1834년 네덜란드 국교에서 분리되어 나온 분리파 개혁 교회(Christelijke Gereformeerde Kerken) 목사였던 아버지 얀 바빙크(Jan Bavinck, 1826-1909) 아래서 1854년에 태어났습니다. 헤르만 바빙크가 태어나던 1854년 깜뻔에 분리파가 세운 신학교가 세워졌습니다. 바빙크는 1873년 김나지움을 졸업한 뒤 이 신학교에서 1년간 잠시 공부하다가 1874년 당시 현대주의 신학의 아성이던 레이든 대학으로 옮겨 신학을 계속 공부합니다. 아버지 바빙크는 주변 사람들에게 엄청난 비난의 소리를 들어야 했습니다. 아들을 사자 굴로 보냈다고 말이지요. 헤르만 바빙크는 현대주의 신학자 스홀뜬(Johannes H. Scholten, 1811-1885)과 꾸으는(Abraham Kuenen, 1828-1891) 아래서 공부하고는 1880년 「울리히 츠빙글리의 윤리학」이란 논문으로 박사학위를 받았습니다. 그때 갓 설립된 자유대학교 구약 신학과 셈족 언어 및 문학 교수로 초빙을 받았지만 가지 않고 프라느끄르(Franeker)에 있는 교회 목사로 부임하여 1년 남짓 목회를 하게 됩니다.

(바빙크는 레이든 대학에서 신학사와 함께 셈족 언어와 문학 학사 학위를 비슷한 시기에 따로 받았습니다. 구약과 셈족 언어를 가르쳤던 꾸으는이 그의 선생님이었고 박사 학위 논문을 준비할 때도 스홀뜬보다 오히려 꾸으는이 훨씬 더 많이 도움을 주었다는 얘기가 전해 내려옵니다.) 그러다가 1882년 아버지가 목회하고 있던 도시에 있는 깜쁜 신학교 교의학 교수로 부름을 받습니다. 1883년 1월 10일 교수 취임 강연을 하게 됩니다. 이때 벌써 바빙크가 세계관의 문제에 관심을 가졌음이 여러 문헌을 통해 드러납니다.

그런데 바빙크는 왜 세계관에 특별히 관심을 가졌을까요? 세계관에 대한 관심이 시대의 유행이기는 했지만 단순히 이것만으로 설명이 되지 않습니다. 바빙크가 몸담았던 교회의 특수성과 그 속에서의 자신의 자리매김, 그리고 바빙크가 살고 있는 시대의 문화와 사상에서 답을 찾아야 한다고 저는 생각합니다. 바빙크는 당시 거의 죽은 정통 신학과 형식적 신앙에 빠져 있던 국교회에서 자신의 교회가 분리되어 나왔지만, 그가 몸담고 있던 교회도 교리 면에서는 매우 경직되어 있었고 생활에서는 경건주의를 벗어나지 못했습니다. 바빙크 자신은 하나님이 지으신 온전한 세계와 떨어져 파편화된 상황에 처해 있음을 의식하지 않을 수 없었을 것이라 짐작해 볼 수 있습니다. 더구나 1880년 박사학위를 받은 뒤 곧장 깜쁜에서 목사 고시를 치렀고, 그때 그의 교회 지도자들이 당시 현대주의 신학의 아성이던 레이든에서 신학박사 학위를 받은 그에게 얼마나 적대적이고 혐의를 가지고 대하고 있는지 바빙크는 생생하게 체험했습니다. 그는 안을 향해서는 자신이 정통 신앙을 계승하는 목회자가 될 자질이 있음을 보여줄 필요가 있었을 뿐 아니라, 밖을 향해서는 당시의 주류 신학에 대항하여 개혁 신학의 입장을 확실하게 표명할 필요가 있었습니다.

이런 맥락에서 바빙크는 1880년 10월 목사 고시를 치른 직후, 믿음과 앎, 신앙과 지식에 관한 짧은 글, 「믿음의 학문」("Geloofswetenschap")을 씁니다. 1881년 11월에는 「개혁 신학」("Gereformeerde theologie")이란 글을 쓰게 됩니다. 여기서 바빙크는 당시 신학의 세 주류(예수 그리스도의 인격에 강조를 둔 흐로닝은(Groningen)신학, 현대주의, 윤리 신학)를 논의하면서 대부분의 지면을 복음과 문화, 과학과 신앙, 교회와 신학 사이의 매개 또는 중재를 시도한 샹뜨삐 드 라 소사이여(Daniel Chantepie de la Saussaye)와 휸닝(Johannes Gunning)의 '윤리 신학'을 소개하고 문제를 드러내는 데 사용합니다. 그러고는 이 글에 이어서 1882년, 그가 28세일 때 쓴 「우리 교회의 학문적 소명」("De wetenschappleijke roeping onzer Kerk")이란 글에서 "우리가 과연 시대의 상황을 이해하면서 시대의 필요에 응답하는 신학을 가지고 있는가?" 하는 질문을 던집니다. 교회와 신학의 뗄 수 없는 관계를 머리와 몸뚱이의 관계에 비유하면서 바빙크는 이렇게 말합니다. "교회 없는 신학은 죽는다. 신학 없는 교회는 시들고 만다"(Een theologie zonder een kerk sterft; een kerk zonder theologie kwijnt). 그러면서 신학은 교회와 맞서 있는 것이 아니라 교회 안에(in) 온전히 자리하고 있음을 강조합니다. 신학자는 "가장 좋은 그리스도인이요, 진정한 신자요, 성령께서 가장 순수하고 강력하게 영을 부어주신 사람"이라고 바빙크는 말합니다. 실제 현실 속에서 그렇다는 말이 아니라 적어도 "이념을 따르자면"(naar zijn idee) 그렇다는 말입니다. 그러므로 자신이 속한 '기독 개혁'(Christelijk Gereformeerd) 교회와 신학은 같은 방향을 향해서 걸어갈 수밖에 없다고 못 박습니다.

분리를 통해 나온 자신의 교회가 '개혁 교회'라고 불리지만, 바빙크는 '개혁 교회'를 '새로운 종교'(*nova religio*)가 아니라, 기존 교회의 '과오와 타락이 다시 청결하게 된 것'(*repurgatio errorum et corruptelarum*)이라고 이해합니다. '개혁 교회'라는 범주 안에는 일정한 시기와 인물들을 통해서 교회의 정화가 일어난 역사가 물론 포함되어 있습니다. 이 대목에서 바빙크는 '기독 개혁 교회'라고 할 때 '개혁' 또는 '개혁적'(Gereformeerd, Reformed)이 무엇이냐고 묻습니다. 개혁 교회를 묶어주는 표준 신앙고백 문서들이 바로 '개혁' 교회, '개혁' 신앙, '개혁' 신학이라 할 때 '개혁'을 지칭하는 말로 통상 이해되지만, 바빙크는 '개혁'의 참 의미가 여기에 머물 수 없다고 분명히 말합니다. 왜

나하면 신앙 고백을 포함한 표준문서는 우리의 삶 전체를 포괄하기는커녕 매우 작은 한 부분만을 담을 수밖에 없기 때문입니다. '개혁 교회', '개혁 신앙', '개혁 신학'이라고 할 때의 '개혁'은 하나 또는 여러 신앙 고백 문서의 총체가 아니라, 우리의 삶과 세계 전체를 포괄하는 세계관이요, 인생관입니다. "개혁[을 개혁이게끔 만드는 것, 곧 개혁의 요체]는 하나의 전체적인 세계관과 인생관이다"(Het Gereformeerde is eene gansche wereld- en levensbeschouwing)라고 바빙크는 말합니다. 지금 이야기하고 있는 바로 이 글 「우리 교회의 학문적 소명」(1882)에서 바빙크가 '세계관 및 인생관'이란 용어를 처음으로 사용합니다. 아브라함 카이퍼가 바빙크보다 훨씬 앞서 이미 1867년 교회 안에서의 투표권에 관한 글을 쓰면서 '인생관'과 '세계관'을 각각 언급하고 1871년 현대주의에 관한 글에서는 '인생관과 세계관'을 하나로 묶어 사용했습니다.

바빙크는 개혁 신앙이 세계관으로 이해되어야 한다는 점을 이렇게 설명합니다. 첫째, 개혁 신학이나 개혁 신앙 또는 개혁 교회는 인간을 하나님과의 특별한 관계 가운데서 이해한다는 것입니다. 설명을 붙이자면 이렇게 말할 수 있겠습니다. 만물의 창조주이며 섭리자이며 통치자이신 하나님은 인간을 자신의 모습으로 지으시고, 인간의 지적, 감정적, 의지적 능력을 통하여 그와 교제하실 뿐만 아니라, 비록 인간이 타락했다고 할지라도 성령 안에서 그리스도를 통해 만물을 회복하실 때까지 인간의 모든 삶과 관계하십니다. 그러므로 바빙크는 두 번째로, 인간과 하나님의 특별한 관계(개혁 신학의 용어로 말하자면 '언약'의 관계) 때문에 하나님은 만물과 관계하시되, 각각 고유한 방식으로 관계하신다고 주장합니다. 이 때 만물 가운데는 "가정, 국가, 사회, 예술, 학문 등"이 모두 포함됩니다. 이런 의미에서 삶의 어느 영역도 하나님의 주권과 자비로운 은혜를 벗어나지 않습니다. 세 번째로, 개혁 신앙의 원리는 좁은 의미의 신학, 좀 더 좁히면 교의학의 원리에만 국한되지 않고 도덕과 정치와 사회와 학문과 예술 등 삶의 전 분야와 관련된다는 것을 바빙크는 강조합니다. 이런 의미에서 개혁 신앙, 나아가서 개혁 신앙을 통해서 본 기독교는 특정 신앙고백에 머무는 것이 아니라 인간의 모든 삶과 세계를 포괄하는 '세계관'이라고 바빙크는 이해합니다.

바빙크는 1883년 깜쁜 신학교 교수로 부임하던 해에 「현대세계관」("De hedendaagse wereldbeschouwing")이란 글을 발표합니다. 이 글에서 바빙크는 자신이 살고 있는 당시의 세계관을 크게는 데카르트와 스피노자, 칸트와 피히테, 쉘링과 헤겔, 레싱과 헤르더, 괴테와 쉴러의 이상주의적 세계관과, 삐에르 가상디를 효시로 달랑베르, 디드로 등으로 이어지는 유물론적 세계관으로 나누고, 이 두 세계관은 신과 세계를 분리하는 이신론, 또는 신과 세계를 혼융시키는 범신론으로 빠진다는 점에서 기독교와는 대립 지점에 서 있다고 보았습니다. 여기서 바빙크는 세계관을 인간이 세계를 지각하고 종합하는 활동과 연관해서 보고 있습니다. 그를 따르면, 인간은 주변의 현상을 단순히 개별 현상으로 보고 듣는 데 그치지 않고, 그것들이 존재하는 이유와 방식, 원인과 목적을 묻고 알고자 합니다. 외부로 나타난 현상의 배후로 거슬러 올라가 모든 현상의 원리를 찾아내어 하나의 관점으로 통합하고 이로부터 행동의 규칙을 찾아내는 노력을 인간은 하게 됩니다. 말을 바꾸어 표현하면 인간은 모든 사물을 전체성과 상관성 가운데서 파악하고 세계 전체를 근원과 목적을 따라 하나의 입장에서 보고자 하며, 이를 통해 얻은 관점을 삶과 행동에 적용하는 존재라는 말입니다. 이 맥락에서 사용되는 관점, 또는 입장을 '현대의 용법을 따르면' '인생관 및 세계관'(levens- en wereldbeschouwing)이란 이름으로 사람들이 지칭한다고 바빙크는 말합니다. 이때 '인생관 및 세계관'은 그냥 지나가는 낱낱의 의견이나 서로 상관없는 생각들의 집합이 아니라, 세심한 관찰과 모든 사물들을 그것의 기원과 목적을 따라 하나의 전체로서 의식적으로 파악한 결과에 기초한 "행위의 원리, 행동의 법칙, 삶의 규칙"(een beginsel des handelens, een wet des gedrags, een regel des levens)이라고 바빙크는 정의합니다.

바빙크의 세계관 이해의 특징을 우리는 몇 가지로 정리해 볼 수 있습니다. 첫째, 세계관은 인간이 세계 안에서 행동하고 처신하며 삶을 살아가는 방식과 밀접하게 연관되어 있습니다. 세계관이 인간의 삶과 행동에 규칙을 제공한다는 바빙크의 서술에서 세계관은 무엇보다도 실천적임을 알 수 있습니다. 둘째, 인간은 세계관이 없이, 다시 말해 주변에서 일어나는 현상들을 하나로 통합해서 볼 수 있는 관점이 없이, 하나님이 지은 세계 안에서 인간답게 살아갈 수가 없습니다. 왜냐하면 인간은 단순히 세계가 존재한다는 사실뿐만 아니라 세계의 존재 이유와 존재 방식, 존재의 근원과 목적을 묻고 생각하는 존재이기 때문입니다. 세계관은 이렇게 보면 통일성과 전체성을 추구하는 인간의 지적 욕구에 부합하며, 동시에 삶의 실천에 필요한 규칙과 원리를 제공해 주는 틀입니다. 이로부터 세 번째로 이끌어 낼 수 있는 요점은, 그렇기 때문에 어떤 세계관, 어떤 관점을 가지고 살아가느냐에 따라 삶의 방향과 목적, 삶의 동기와 이유가 다를 수 있다는 점입니다. 세계관의 문제는 그러므로 어떻게 생각하고, 어떻게 행동하고, 어떻게 살아가느냐 하는 문제와 너무 가까이 이어져 있다고 말할 수 있습니다. 그렇다면 우리는 특히 그리스도인으로서 이 땅을 살아갈 때 자신의 세계관이 무엇인지, 어떤 방식으로 인생과 세계를 보는지 반성적으로 생각해 보지 않을 수 없다고 하겠습니다.

바로 이 지점에 우리의 관심을 모아 볼 필요가 있습니다. 바빙크는 현대주의 신학이 지배하던 레이든 대학 출신입니다. 그의 신앙과 신학이 교단 지도자들의 혐의의 대상이 되었습니다. 이제 갓 목사 안수를 받고 목회를 시작하게 된 바빙크는 자신의 위치, 자신의 신학적 지향점을 자신에게, 그리고 타인에게 분명하게 할 필요가 있었습니다. 「개혁 신학」이란 글과 「우리 교회의 학문적 소명」이라 제목을 붙인 글은 누가 뭐라 해도 그가 개혁 신학 전통에 서 있는 사람임을 분명히 해 줍니다. 그는 초기의 이 글에서 자신이 서 있는 전통에 대하여 분명히 '예'라고 응답하면서, 당시의 새로운 신학 사조에 대해서 '아니요'라고 명확하게 이야기를 하고 있습니다. 말하자면 다른 세계관의 주장과 맞서는 지점, 곧 '대립'(antithesis)의 지점이 무엇인지, 왜 맞설 수밖에 없는지를 바빙크는 분명하게 표명합니다. 이를 통해 그가 분리파의 정통 신앙을 고수하는 사람임을 보여줍니다. 그러면서 그의 긍정은 단순히 '교리 문답'(catechism) 차원에 머물

지 않고 제대로 된 '신학'을 요구하는 단계로 한 걸음 더 나아
갑니다. 바빙크는 교회가 건강하게 자라고 번성하려면 '교리 문
답' 정도에 그치지 않고 좋은 신학이 있어야 한다고 보았습니
다. "교회 없는 신학은 죽고, 신학 없는 교회는 시들고 만다"는
그의 말이 이것을 말해줍니다. 바빙크가 쓴 "죽는다", "시든다"
는 단어는 살아 있는 생물과 관련해서 쓰는 단어임에 주목할 필
요가 있습니다. 교회와 신학은 바빙크가 볼 때 살아 있는 유기
체의 관계와 같습니다. 교회가 몸이라면 신학은 머리라고 그는
생각했습니다. 이때의 신학은 '경건의 신학'이나 '영혼 구원의
신학'에 머물지 않고 여기서 한 걸음 더 앞으로 나아가 삶의 모
든 차원, 온 세계를 포용할 수 있는 '세계관의 신학' 또는 '통합
의 신학'이었습니다. '세계관'은 이때 파편화되거나 일방적, 지
엽적 관점이 아니라 이론과 실천, 교리와 적용, 정치와 경제와
문화 전체를 볼 수 있는 유기적이고 통합적인 관점과 동의어라
할 수 있습니다. 바빙크는 세계로부터 도피하는 경향을 띤 당시
의 경건주의 전통과 세계를 정복 대상으로 접근하는 침례교와
감리교 전통으로부터 자신을 구별합니다. 『기독교와 교회의 보
편성』(1888)에 나오는 다음 구절은 바빙크의 이런 태도를 잘 보
여줍니다.

"몰락의 시대에 하나님께서 폭스와 웨슬리, 스페너와 프랑케,

진젠도르프와 라바디, 다비와 어빙, 무디와 부스와 같은 사람들을 통해서 교회에 주신 선물을 인정하지 않으려는 것이 아닙니다. 어느 누가 이들의 노고에서 흔히 보게 되는 풍성한 축복을 부인하겠습니까? 이분들의 열정, 용기, 신앙 그리고 사랑은 감탄할만한 것입니다. 교회의 세속화와 타락에 맞서 이분들이 대항한 데는 근거가 없지 않았습니다. (중략) 그러나 이들의 기독교에는 부족한 점이 있었습니다. 그것은 참된 그리스도인과 또한 종교개혁자들의 아주 건강한 인생관과 세계관과는 다른 인상을 준다는 점입니다. 진정으로 참된 기독교의 보편성이 여기에 빠져 있습니다. (중략) 세상과 세상의 문화에 대한 제한적이고 금욕적인 생각이 그들을 지배했습니다. 세상으로부터 물러나는 경건주의적 방식이든, 세상을 공격하여 힘으로 정복하려는 감리교적 방식이든, 여기에는 세상에 대한 참되고 완전한 개혁이 없습니다. 악한 세상에서 몇몇 개인들을 구조하고 빼내기만 할 뿐, 온 우주와 사람들과 나라에 대한 조직적이고, 유기적인 개혁은 없습니다.”

요컨대, 바빙크는 개혁 신앙과 신학, 그리고 나아가 교회와 기독교 신앙을 단순한 교리적, 신앙 고백적 규정을 넘어서서 통합적이고 보편적인 것으로 이해하려고 애썼습니다. 이 점에서 바빙크는 개혁 신앙과 개혁 신학이 당시의 지배적인 세계관과 대립됨을 강조하면서, 개혁 신앙과 신학의 내적 통일성과 일치 또한 강조했습니다. 모든 것이 창조주 하나님 안에서 통일을 이루되, 그럼에도 만물 각각의 고유성과 차이가 없어지지는 않음을 바빙크는 잊지 않고 지적합니다. 하나님이 주신 우리의 삶은 충만하지만, 이 가운데 구별과 차이와 다양성이 있다고 본 것이지요. 사람의 생명과 새와 물고기와 여타 동물들의 생명이 다르고, 예술의 존재와 법칙과 과학의 존재와 법칙이 서로 다르며, 윤리적인 삶과 종교적인 삶이 서로 다릅니다. 온 세계, 온 우주 만물은 하나님 안에서 하나이고 통일성을 이루지만, 이 하나됨, 이 통일성 가운데 어느 것도 다른 것과 동일하지 않다는 것이 바빙크가 다양성을 생각한 방식입니다. 이 점에서 바빙크는 획일성(eenvormigheid; uniformity)을 거부하고 다양성과 차이를 강조한 카이퍼와 일치합니다. 만물의 통일성 안에서 다양성이 존재한다는 관점은 바빙크의 사상 중 특히 신학에도 적용됩니다. 신학은 다른 학문들과 마찬가지로 신학 고유의 원리와 고유의 방법, 고유의 내용과 목적을 가지고 있습니다. 다른 학문에도 그 학문에 고유한 자유를 허용하듯이 신학에도 동일한 자유가 허용된다고 본 것이지요. 바빙크도 카이퍼와 마찬가지로 하나님의 창조와 통치 안에서의 다원주의를 지지했습니다.

매우 기초적인 사항을 다시 몇 가지 짚어야 하겠습니다. '세계관'이라고 할 때 '세계'는 우리가 지도로 보는 세계나, 물질

세계와 영적 세계로 나눌 때의 세계가 아닙니다. 세계관이라고 말할 때 '세계'는 모든 것, 전체, 하나도 빠짐없이 부분과 부분, 부분과 전체가 유기적으로 통합된 의미의 세계를 의미합니다. 그러므로 이 속에는 어느 것도 빠질 수 없습니다. 유물론적 세계관이라고 하면 유물론의 관점에서 인간과 세계와 신, 그리고 이 땅에서 인간이 빚어내는 역사와 문화를 포함한 모든 것들을 보고, 그에 따라 행동하고 처신하며 살아간다는 의미입니다. 이와 반대로 기독교 세계관이라고 하면, 기독교 신앙의 관점에서 인간과 세계와 신, 그리고 모든 것들을 통합적으로 보고 그에 따라 살아간다는 뜻입니다. 이 점에서 보면, 어떤 세계관이든지, 신과 인간과 세계를 보는 관점의 폭과 넓이, 관점의 명확성과 정확성, 한 세계관 안에서 여러 주장들의 논리적 정합성, 그리고 구체적으로 살아가는 삶의 현실과의 적합성이 문제가 될 수밖에 없습니다. 바빙크는 이 책 『기독교 세계관』에서 이 점을 염두에 두고, 기독교적 관점에서 존재와 인식, 존재와 생성, 생성과 행위를 어떻게 볼 것인가, 기독교 세계관이 제공해 주는 관점이 왜 생각과 삶에 가장 적합하고 옳은 관점이며 옳은 삶의 길인가를 보여주려고 애씁니다.

방금 마지막으로 언급한 점은 세계관에 대한 바빙크의 관심이 단지 자신의 신학과 자신의 교회에 머물지 않았고, 그렇게할 수도 없었음을 말해줍니다. 바빙크의 관심은 자신이 신학자로서 무엇을 지향하는지를 보여줄 뿐만 아니라, 왜 기독교 신앙이 현존하는 세계관들 가운데 우리의 생각과 삶에 가장 '적합'(passen)한 것인가를 보여주는 데 있었기 때문입니다. 교수 생활을 시작하던 초기에는 자신이 몸담은 교회를 향해서 말했다면, 학자로서 그의 성숙이 더해감에 따라 그의 관심은 세상에 유행하는 세계관과의 '대립'(antithesis)을 분명하게 설정하는 데에만 멈추어 서 있지 않았습니다. 대립은 분명히 인식하면서도 세상의 일방적이고 일면적인 세계관을 뛰어넘어, 존재하는 것들과 그것들의 인식, 생성 변화하는 세계와 인간의 행위를 정합적이면서도 현실에 적합하게, 그리고 전체적으로 설명해 보려고 애썼습니다.

바빙크는 존재와 인식과 관련해서 어느 한쪽도 희생시키지 않고 둘 사이의 균형을 유지한 '비판적 실재론', 존재와 생성과 관련해서도 어느 한쪽으로 빠지지 않고 둘 사이의 긴밀한 관계를 설정하는 '유기체론', 그리고 도덕 규범을 자의적인 규칙으로 빠뜨리거나 인간의 자발성과 능동성만을 일방적으로 강요하지 않고서 도덕 규범의 객관성과 도덕질서의 존재, 그리고 죄의 현실을 인정하면서도 인간의 자유를 존중할 수 있는 '신율적 관점'(het theonome standpunt)을 보여줍니다. 이런 방식으로 바빙크는 온 세상을 끌어안으면서 만유의 창조주이시며 주이시고 회복하시는 삼위 하나님에 뿌리를 둔 세계관의 관점에서 희랍 철학 이래 고전 철학의 중심 주제가 된 존재와 생성과 행위의 문제를 다루고 있습니다. 매우 온건하고 부드럽기는 하지만 바빙크 특유의 방식으로 기독교 신앙을 변증하는 시도라 보아야 할 것입니다. 이러한 시도는 그의 『계시 철학』으로 이어집니다. 여기서는 존재와 행위의 문제를 지식의 여러 영역(철학, 자연, 역사, 종교, 미래 등)으로 확대하여 '계시'의 관점에서 다룸으로 기독교 신앙이 합리적이고 신뢰할 수 있는 참된 지식과 삶의 종교임을 변호합니다.

이 책 초판(1904)이 나온 지 4년 뒤에 바빙크는 프린스턴 신학교 스톤 강좌에서『계시 철학』(*Wijsbegeerte der openbaring*)을 강의합니다. 아브라함 카이퍼가『칼빈주의 강의』를 한 지 꼭 10년 만이었습니다. 흥미롭게도 두 사람은 같은 이야기를 하는 듯한데, 초점이나 방식에는 큰 차이가 있습니다. 카이퍼는 칼빈주의가 예컨대 예정 교리와 같은 특정한 교리에 제한된 것도 아니고, 분파도 아니며, 침례교나 감리교와 나란히 하나의 교파를 지칭하는 이름도 아니라고 봅니다. 칼빈주의는 다른 세계관, 다른 삶의 체계와 구별되는 하나의 특정한 세계관이요, 특정한 삶의 체계라고 카이퍼는 이해합니다. 카이퍼는 그의 강연에서 칼빈주의가 정치와 예술, 종교와 학문, 그리고 미래 등 삶의 어느 영역도 빼지 않고 전체를 포괄하는 총체적인 세계관임을 역설합니다. 칼빈주의는 이때 종교개혁을 통해 순수하게 정화된 기독교란 의미를 가지고 있습니다.

정화된 기독교의 관점에서 볼 때, 삶이 무엇보다 그리스도인의 일차적 관심이며, 삶 가운데서도 어느 특정 영역만이 아니라 모든 영역이 하나님의 주권과 하나님의 절대 은혜 아래 있음을 카이퍼는 강조합니다. 이 모든 영역은, 믿는 사람이나 믿지 않는 사람에게나, 하나님이 공통으로 주신 은혜(공통은혜, common grace) 아래 있으며, 그리스도인들은 이 은혜를 기반으로 믿지 않는 사람들과 삶을 공유합니다. 그러나 삶을 공유할 수 있게 해 주는 공통은혜가 그리스도인이 이 땅에서 살아야 하는 삶의 동기는 아닙니다. 삶의 동기는 오히려 하나님께서 특별히 베풀어 주신 은혜(특별은혜, special grace)에 감사하여 삶 전체를 오직 하나님의 영광을 위해서, 그분의 왕 되심을 위하여 사는 삶에서 우러나옵니다. 이러한 삶을 카이퍼는 '왕을 위하여'(Pro Rege)란 말로 표현합니다. 그리스도인이 정치나 경제, 학문이나 예술, 가정이나 사회 등 문화와 관련된 영역에서 책임을 다해야 할 이유는 이 영역들을 변혁하거나 바꾸거나 혁신하기 위해서가 아니라, 예수께서 세상에 오셔서 한 알의 밀이 되어 죽은 것처럼, '왕을 위하여' 삶의 각 영역에서 죽기까지 섬김으로 삶을 회복하는 일에 동참해야 하기 때문입니다.

바빙크의 『계시 철학』도 다루는 주제를 보면 카이퍼의 강의와 비슷하게 보입니다. 카이퍼는 삶의 체계 또는 세계관으로서의 칼빈주의를 다룬 다음, 종교, 정치, 학문, 예술, 미래, 이 다섯 주제를 다룹니다. 바빙크는 계시의 이념을 다룬 다음, 철학, 자연, 역사, 종교, 기독교, 종교경험, 문화, 미래, 이렇게 여덟 주제를 다룹니다. 얼핏 보아서는 두 강의가 주제 면에서 보면 종교와 미래, 이 둘밖에 겹치지 않지만 두 강의가 사실은 삶의 전 영역을 다루고자 하는 의도를 가지고 있습니다. 카이퍼와 마찬가지로 바빙크도 공통은혜와 대립(antithesis), 그리고 왕을 위한 삶을 자신의 강의 밑바닥에 깔고 있습니다. 다만, 바빙크는 그의 강의에서 '칼빈주의'는 전혀 언급하지 않습니다.

바빙크의 『계시 철학』이 카이퍼의 『칼빈주의 강의』와 구별되는 면은 '계시 중심적'(박윤선 목사님이 즐겨 사용했던 표현으로는 '계시 의존적') 생각을 펼친다는 점입니다. 카이퍼가 계시에 관해 말하지 않는다는 것이 아니라, 거칠게 말하자면, 카이퍼는 주로 존재론적 관점에서, 바빙크는 주로 인식론적 관점에서 내용을 전개합니다. 카이퍼에게는 '공통은혜'가 핵심적인 개념이었다면, 바빙크에게는 '계시'가 핵심 개념입니다. '공통은혜'가 '계시'로부터, 또 거꾸로 '계시'가 '공통은혜'로부터 분리되어 생각될 수 없지만, 공통은혜는 존재의 보존을 말한다는 점에서 좀 더 존재론 지향적 개념이며, 계시는 『계시 철학』에서 다루는 철학에서부터 미래에 이르기까지 인간의 지식과 관련된 모든 노력의 근거가 된다는 점에서 인식론 지향적 개념입니다.

바빙크가 『계시 철학』에서 만일 어떤 적극적인 변증을 펼친다면, 그것은 하나님께서 창조주이자 말씀이신 예수 그리스도

기독교 세계관

를 통해 자신을 알려주신다는 사실, 곧 하나님의 계시에 대한 변증입니다. 하나님의 계시는 존재하는 모든 것들의 존재 근거이며 인식 근거임을 바빙크는 이 책에서 논증합니다. 좀 더 정확하게 인용하면 이렇습니다. "모든 세계는 계시에 근거하고 있습니다. 계시는 모든 창조와 그것들의 모든 형성의 전제이며, 바탕이고, 비밀입니다." 계시는 다름이 아니라 '하나님의 비밀'(*musterion theou*)을 드러냄(onthulling)입니다. 이 비밀은 하나님 자신이 자신의 뜻을 보여주지 않고서는 어떤 무엇으로도 알 수 없습니다. 이 세계를 보존하고 인류를 구원하시는 하나님의 뜻을 자연과 역사, 인간의 지성과 마음, 과학이나 예술이 가르쳐 줄 수 없지만, 계시가 이것을 가르쳐 준다는 것입니다. 계시를 토대로 철학뿐만 아니라 자연 과학과 역사 연구, 종교 연구 등이 가능함을 바빙크는 그의 강연에서 논증합니다.

바빙크의 『기독교 세계관』과 『계시 철학』은 『계시 철학』 1강 마지막 각주에서 밝히듯이 밀접하게 서로 연결이 되어 있습니다. 『계시 철학』을 바빙크는 자신이 『기독교 세계관』을 강의할 때 가졌던 기본 생각을 더욱 '발전'(uitwerken)시킨 것이라 표현합니다. 『기독교 세계관』은 존재와 생성과 행위를 다룸으로, 그리고 『계시 철학』은 철학과 종교와 자연 과학과 역사 연구의 가능 조건과 근거, 원천이 바로 계시임을 보여줌으로, 하나님의 창조와 인간의 타락과 그리스도의 구속을 말하는 기독교 세계관이야말로 유심론과 유물론, 진화론과 범신론의 세계관을 극복할 수 있는 유일한 세계관이고, 훨씬 더 나은 삶의 길이며 방식임을 바빙크는 보여줍니다.

이 책의 내용에 관해서는 따로 요약할 필요가 없으리라 생각합니다. 책은 책이 말합니다. 여러분 스스로 펜을 손에 들고 책을 읽어 가시길 바랍니다. 『기독교 세계관』이란 이름으로 윤곽을 드러낸 그의 존재론과 인식론, 그리고 윤리학은 그의 전 작품을 통하여 좀 더 자세하게 체계적으로 탐구해 보아야 할 주제입니다. 왜냐하면 좋은 신학, 좋은 기독교 학문을 하기 위해서는 좋은 철학이 필요하기 때문이고, 신학과 철학, 그리고 다른 분야와 지적 대화를 지속해 온 바빙크의 접근을 통해 파편화되고 부분적인 철학이 아니라 통합적인 철학을 찾아볼 수 있으리라는 기대를 할 수 있기 때문입니다. 이제 바빙크가 오늘 우리에게 주는 의미가 무엇인지 몇 가지 생각해 보고 그가 영향을 준 인물들과 연구 동향을 짧게 서술하는 것으로 이 글을 끝맺겠습니다.

1. 우선 무엇보다도 우리는 바빙크가 교회의 신학자임을 잊

어서는 안 됩니다. 그는 교회 안에서, 교회를 위해서 신학을 한 신학자입니다. 왜냐하면 교회 없는 신학은 그의 말대로 죽고 말기 때문입니다. 바빙크의『개혁 교의학』제1판 서문을 보면 그는 신학함을 성도의 교제로 보았습니다. 말씀과 성령 안에서 현재 지상의 흩어져 있는 주의 종들과 교제할 뿐만 아니라 지나간 이천 년의 역사 가운데 이 땅에 살았던 주의 종들과도 교제하면서 신학적 문제를 생각하고 가르치고 글을 쓰는 일을 오늘의 신학자들이 하고 있습니다. 바빙크는 교회 없는 신학을 염려할 뿐 아니라 신학 없는 교회도 염려했습니다. 교회 없는 신학이 당시의 현대주의 신학자들에게 한 경고였다면, 신학 없는 교회에 대한 경고는 자신이 몸담고 있는 교회를 향한 경고였습니다. 오늘 한국 교회의 상황도 크게 다르지 않으리라 생각합니다. 교리의 정통은 그렇게 강조하면서도 이단이 많은 까닭은 제대로 성경을 가르치지 않고 제대로 신학하지 않는 탓이라 생각해 볼 수 있습니다. 신학을 공부하게 되면 지난 이천 년 역사 가운데 온갖 이단들의 출현을 알 수 있을 뿐만 아니라 바른 사고, 바른 생각을 하지 않을 수 없습니다. "교회 없는 신학은 죽는다. 신학 없는 교회는 시들고 만다."는 바빙크의 말을 기억하고 그로부터 신학과 교회의 긴밀한 관계를 더욱더 깊이 배우면 좋겠습니다.

2. 바빙크는 네덜란드 교회가 기독교의 정통 교리는 고수했

으나 삶의 모든 영역에서 신앙의 힘은 거의 잃어버렸을 때, 신앙을 다시 회복해 보려는 운동이 여러 방면에서 일어나는 시점에 태어나 자랐습니다. 삶은 없고 죽은 정통만 살아 있는 상황은 당시 네덜란드 교회나 오늘 우리 한국 교회나 비슷할지 모릅니다. 오늘 한국 교회는 정통 교리를 누구보다도 주장하면서도 복음을 따른 삶의 실천은 보기가 쉽지 않습니다. 우리가 숨 쉬며 살고 있는 한국의 사회와 문화 현실 속에서 교회는 거의 힘을 쓰지 못하는 상황에 처해 있지 않나 하는 생각을 하게 됩니다. 교회 지도자들이나 교인들은 오직 교회 안에만 관심을 가지고, 교회 안에서만 신앙생활을 잘하면 이 세상에서 믿는 사람으로서 잘 살아가고 있는 듯한 착각에 빠져 있습니다. 성도들은 하나님의 백성으로 세상에 보냄 받은 사람들입니다. 교회는 이 세상으로 보냄 받은 하나님의 백성들의 공동체입니다. 교회는 세상으로 보냄 받은 사람들을 말씀으로, 성찬으로 온전하게 회복하여 세상 속에서 하나님의 백성으로 살아가도록 훈련시키고 치유하고 다시 파송하는 일을 반복해야 할 기관입니다. 그러기 위해서 목사와 장로를 세우시고, 직분자들을 세우셨습니다. 세상 속에서 성도가 성도로 일상의 삶을 살아갈 수 있게 훈련시키고 준비시키려면 바른 가르침과 바른 실천이 함께 나란히 세워지지 않으면 안 됩니다. 바빙크는 누구보다도 이 두 축, 두 날개를 하나로 통합한 신학자입니다. 우리는 바빙크가 심혈을 기울여 작업한 교의학과 윤리학을 통하여 삶과 가르침의 통합, 교리와 실천의 통합을 배웁니다.

3. 바빙크는 정통 신앙의 가르침을 물려받았지만, 그것들을 후세대에게 고스란히 그저 물려준 사람이 아닙니다. 그는 자신이 처한 시대의 상황과 시대의 물음 속으로 깊숙이 들어가 씨름한 신학자였습니다. 때로는 대화하면서, 때로는 대결하면서, 가장 좋은 대안을 제안하려고 애썼습니다. 이 '3대'(대화, 대결, 대안)의 학문하는 태도를 누구보다 신사답게 실천한 신학자가 바빙크였다고 저는 생각합니다. 하나님 말씀의 신뢰성과 필요성, 하나님 말씀의 명료성과 충족성을 굳게 받아들이면서 그가 살던 시대와 문화가 던진 도전과 물음에 움츠리지 않고 책임감 있게 응답하는 자세를 보여주었습니다. 생각이 다른 신학자와 철학자를 다룰 때 그가 무슨 이야기를 하고자 하는지 정확하게 포착하고 요약하고 제시한 다음, 자신의 비판적인 생각을 신중하게, 그러면서도 당당하게 제시합니다. 그가 배울 수 있는 부분이 있으면 서슴없이 자신의 논의에 적극적으로 끌어다 쓰는 넉넉함을 보이기도 했습니다. 특히 바빙크는 그가 공부하고 교수로 활동하던 시대에 복음과 문화, 과학과 신앙, 세상과 교회의 간격을 줄이고자 중재를 시도한 '윤리 신학'의 노선에 선 학자들에 대해 비판적이면서도, 그들과 대화의 끈을 놓지 않고 신앙 안에서 교제를 지속했습니다. 그러므로 그의 신학은 '정통신학'이면

서 동시에 '현대신학'의 성격을 띠고 있습니다. 개혁 신학의 터 위에 서 있으면서 이것을 프레임으로 만들어 스스로 자신을 가 두지 않고 소통의 문을 언제나 열어 두는 신학자와 신자의 모습 을 우리는 바빙크에게서 배우게 됩니다.

4. 바빙크는 그야말로 '학제 간'(interdisciplinary)의 학자였습 니다. 화란 북부의 '깜뻔'이라는 작은 도시의 신학교에서 교수 생활의 절반을 보내고, 다시 나머지 절반을 대도시 암스테르담 에 와서 나머지 절반을 보냈지만, 놀랍게도 그의 작업은 신학 한 분야에만 매이지 않고 철학과 심리학과 교육학, 종교학, 그 리고 자연 과학으로 확장되고 있음을 보게 됩니다. 심지어는 시 인 빌드르데이크(Willem Bilderdijk)에 관한 단행본(1906년 출판)을 쓸 정도로 누구보다도 그는 박식했고 누구보다도 여러 분야의 최신 연구에 관심을 가지고 광범위한 독서를 했습니다. 이 책뿐 만 아니라 『계시 철학』에 언급된 책들만 보아도 어느 정도 바빙 크가 당시의 지적 흐름에 관심이 있었는지 알게 해 줍니다. 하 지만 기독학자에게는 신학뿐만 아니라 다른 학문에 문을 열어 두고 기독교와 다른 사고, 기독교와 다른 세계관들과 대화를 나 누며 적절한 대안을 생각해야 할 책임이 있습니다. 이 점을 생 각하면 우리는 바빙크에게 한 걸음 더 가까이 다가가서 그의 학 문함의 자세를 배우지 않을 수 없습니다.

바빙크는 후대의 학자와 사상가들에게 많은 영향을 주었습니다. 카이퍼와 더불어 바빙크는 1930년대 암스테르담 자유대학교를 중심으로 기독교 철학 운동을 주도한 폴른호픈(D. H. Th. Vollenhoven, 1892-1978)과 도이여베이르트(Herman Dooyeweerd, 1894-1977)에게 영향을 주었습니다. 이들은 특히 하나님의 창조 세계의 통일성과 다양성, 그리고 이 속에서의 긴밀한 상호 관계를 강조한 존재론을 견지했으며, 인간의 삶의 중심, 우리의 신앙의 중심을 가슴, 곧 심장 또는 마음(hart; heart)에서 찾았는데, 이는 아우구스티누스 전통과도 연관되지만 직접적 영향은 바빙크로부터 받은 것이라 보아야 할 것입니다. 기독교 철학 운동의 또 다른 한 축을 형성한 남아공화국의 스토커(H.G. Stoker, 1899 - 1993)도 바빙크와 떼어서 생각할 수 없습니다. 스토커는 원래 바빙크에게서 학위 공부를 하려 했지만 바빙크의 갑작스러운 죽음으로 그의 뜻을 이루지 못하고 독일로 건너가 막스 쉘러에게서 학위를 마쳤습니다. 그가 쓴 논문 주제가 '양심'이었습니다. 이 주제는 바빙크가 1880년 박사학위를 받은 뒤, 앞에서 이야기한 「믿음의 학문」에 이어 두 번째로 쓴 논문의 주제이기도 합니다. 베르까우브르도 바빙크 신학 가운데 내재한 스콜라 신학적인 면은 제거하는 방식으로 수용했다고 할 수 있습니다. 미국 쪽에서 바빙크의 영향을 직접 받은 학자로는 웨스트민스터 신학교의 밴틸(Cornelius van Til, 1895-1987)을 들 수 있습니다. 그의 변증학에 바빙크가 동의했을지는 의문이지만 밴틸은 자신의 교의학을 발전시키기보다는 바빙크가 전개한 교의학이 옳다는 전제 위에 서서 변증학 작업을 했습니다. 알빈 플랜팅가(Alvin Plantinga, 1932-)와 니콜라스 월터스토프(Nicholas Wolterstorff, 1932-)의 이른바 '개혁 인식론'(Reformed Epistemology)도 바빙크의 직접 영향권 안에 있는 철학입니다. 개혁 인식론은 하나님의 존재와 하나님에 관한 지식은 우리의 논증과 증거에 기초하는 것이 아니라 하나님이 우리에게 심어주신 능력(칼빈의 신의식)과 성령께서 하나님의 말씀을 통하여 우리에게 심어주는 믿음에 근거한 지식이라고 보는 지식 이론입니다. 플랜팅가는 이러한 인식론을 바빙크와 칼빈의 '개혁 신학'과 '개혁 신앙'의 전통을 잇는다는 뜻으로 '개혁'(Reformed)이란 수식어를 앞에 붙였습니다. 개혁 인식론이 궁금하신 분은 플랜팅가의 『지식과 믿음』(Knowledge and Christian Belief, IVP 역간, 2019), 그리고 이 책에 붙인 저의 해설을 읽으시기를 바랍니다.

바빙크 이후, 바빙크의 영향을 받은 학자들은 많았지만, 막상 바빙크를 연구 대상으로 삼아 연구한 사람들은 그렇게 많지 않았습니다. 아마 1차 대전 직후 바빙크가 세상을 떠났고 몇십 년이 지나지 않아 다시 2차 대전이 일어나면서 카이퍼와 바빙크의 전집조차 만들어 낼 겨를이 네덜란드 개혁 교회에는 없었습니다. 사회와 문화가 더 이상 그의 신학에 관심을 표현하기에는 너무나 많은 변화를 겪었다고 말할 수 있습니다. 1차 대전 이후 바르트의 신학을 위시한 새로운 신학의 출현도 한몫했을 것이라 짐작해 볼 수도 있습니다. 헨드릭 베르코프가 주장하듯이 바빙크 자신이 이미 1900년대 이후 자신의 신학이 이미 타당성을 잃었다는 의식했고 베르까우브르와 같은 후대 사람들도 비슷하게 인식했을 수도 있습니다. 저는 그의 신학 자체가 매우 명료하고 깊이 연구하지 않더라도 비교적 쉽게 이해할 수 있었던 점도 특별히 바빙크를 대상으로 학위 논문을 쓰거나 깊이 연구할 필요가 없는 이유가 되지 않았나 하는 생각을 하게 됩니다. (물론 시간이 많은 흐른 지금은 사정이 달라졌습니다.) 어떤 경우이든, 네덜란드에서 바빙크에 관한 책으로는 그의 후임이 된 발렌떼인 헵(Valentijn Hepp)이 쓴 전기와 1930년대 얀 바뜨링크(Jan Waterink)가 내놓은 그의 교육학에 관한 연구를 들 수 있을 정도였습니다. 남아공에서는 1950년대 판 드르 발트(van der Walt)가 바빙크 철학에 관한 책을 내었습니다. 다시 네덜란드에서는 1960년대 이후에 와서 브렘므르(R. H. Bremmer)와 얀 페인호프(Jan Veenhof)가 사실은 본격적인 바빙크 연구를 내놓았습니다. 이들은 이은 네덜란드 학자들 가운데는 메이으르스(S. Meijers), 판 드르 꼬이(C. van der Kooi)와 판 든 벨트(H. van den Belt), 하링크(G. E. Harink), 디륵 판 끄을른(Dirk van Keulen) 등을 들 수 있습니다. 영어권에는 1930년대에 칼빈대학의 교육학 교수였던 야르스마(Cornelius Jaarsma)가 바빙크의 교육철학에 주

기독교 세계관

목하여 그의 교육 사상을 미국의 기독교 교육에 적용하려고 애썼습니다. 신학 분야에서는 바빙크의 신학과 문화의 관계를 연구한 바스티안 크라이트호프(Bastian Kruithof)와 바빙크의 언약 사상을 연구한 안토니 후크마(Anthony A. Hoekema)를 시작으로 『개혁 교의학』 영어판을 편집하고 단권의 축약판을 출판한 존 볼트(John Bolt), 바빙크와 에밀 브룬너를 비교 연구한 유진 하이드맨(Eugene Heideman), 맷슨(Brian G. Mattson), 에딘버러를 중심으로 바빙크 연구를 진행하는 에글린턴(James P. Eglinton)과 그의 제자들 파스(Bruce Pass), 수탄토(Nathaniel Sutanto), 브록(Cory Brock)을 들 수 있습니다. 이들은 바빙크의 영향으로 신학과 철학적 사유를 펼쳐가기보다는 바빙크를 엄밀하게 읽고 시대 배경과 관련해서 역사적으로 연구를 시도하는 학자들입니다. 바빙크의 신학과 철학, 그리고 여타 다른 학문과 삶의 여러 영역과 관련된 연구는 앞으로 계속 이어지리라 믿습니다.

바빙크는 자신의 영향을 받은 모든 사람들이나 그를 연구하는 누구보다도 말씀과 전통에 깊이 뿌리를 내린 학자요, 동시에 시대의 과학과 문화, 학문과 삶에 자신을 열어 두고 자세히 듣고 함께 생각한 사상가라고 하겠습니다. 그의 저작은 네덜란드 깜쁜 신학교의 신칼빈주의 연구센터(The Neo-Calvinism Research Institute)의 웹사이트(https://www.neocalvinism.org/)를 통하여 이제는 대부분 접할 수 있습니다. 바빙크가 남긴 글들은 100년이

해설

지난 지금에도 여전히 우리에게 생각할 거리를 제공해 주는 작품입니다. 그에 관한 연구서는 아마존 서점을 통하여 쉽게 구입할 수 있습니다. 이제 이 책을 읽는 것은 여러분의 몫입니다. 남대신 보고, 본 것을 남에게 이야기해 줄 수는 있습니다. 남 대신 읽고, 읽은 것을 남에게 이야기해 줄 수도 있습니다. 그러나 아무도 대신해서 직접 볼 수 없듯이 아무도 대신해서 직접 읽고 읽은 것을 이해하고 소화할 수는 없습니다. 그러므로 여러분 자신이 직접 읽으셔야 합니다. 생소한 학자들의 이름과 들어보지 못한 사상의 흐름과 개념들이 나오기 때문에 읽기가 쉽지 않을 수 있습니다. 그러나 그의 중심 논지와 논변을 따라 읽어가 보면 하나님이 우리에게 보여주신 계시를 바탕으로 매우 합리적으로 사고를 펼치고 있는 모습을 보게 될 것입니다. 어느 한쪽의 일방적인 사상이나 철학에 빠지지 않고 삶과 사유와 신앙을 균형 있게 유지할 수 있는 사고를 이 책을 통해서 배울 수 있기를 바랍니다. 여러분의 평안을 빕니다.

강영안 (미국 칼빈신학교 철학신학 교수)

제2판 서문

[5] 1904년에 등장한 이 『기독교 세계관』의 초판은 오랫동안 절판되어 있었습니다. 또한 출판사는 두 번째 판이 여전히 잘 팔릴 것이라는 의견을 주었습니다. 이런 이유로 저는 초판 원고를 다시 한 번 정독했고, 몇 군데 수정을 했습니다. 초판 원고는 동시에 1904년에 총장 위임 연설로도 사용되었는데, 너무 긴 탓에 일부분만 낭독되었습니다. 당시 연설 상황과 관련된 부분들은 이 책에서는 생략되었습니다. 둘째로, 본문, 그리고 특히 각주 곳곳에 보충과 해명을 더했습니다. 셋째로, 이 책의 편의성을 높이기 위해 목차와 색인을 추가했습니다. 많은 이들이 기독교 세계관의 참됨과 아름다움을 더욱 확신하는 데 이 책이 이바지하기를 기대합니다.

1913년 5월 암스테르담에서,

헤르만 바빙크

서론

[7] 19세기에서 20세기로 넘어가던 시기에 다수의 유명한 사람들은 지난 세기의 성격을 규정하려고 노력했으며, 비록 희미하게나마 각자의 통찰에 따라 삶이 어느 방향으로 전진해나갈지 예상했습니다.¹ 그러나 고려해야 할 영역은 너무 방대했고, 관심을 끄는 현상들은 너무 다양하면서도 중요하고 얽혀 있어서, 지난 세기를 하나의 공식으로 정리하거나 미래의 방향을 몇 가지 특징들로 기술하는 것에 성공한 사람은 아무도 없었습니다. 어떤 사람들은 지난 세기의 특징을 역사학 또는 자연 과학의 진흥에서 찾았고, 다른 이들은 동서양 간 교류의 확장, 기계

---

1   예를 들어, 다음을 생각해 볼 수 있다. Houston Stewart Chamberlain, *Die Grundlagen des neunzehnten Jahrhunderts*, 5th ed. (München: Bruckmann, 1904); Theobald Ziegler, *Die geistigen und socialen Strömungen des neunzehnten Jahrhunderts*, 2nd ed. (Berlin: Bondi, 1901); Ludwig Stein, *An der Wende des Jahrhunderts* (Freiburg i. B.: J. C. B. Mohr, 1899); Ernst Troeltsche, s.v. "Neunzehntes Jahrhundert," in *PRE³* 24:244-260.

기독교 세계관

의 중요성, 해방의 열망, 민주주의의 발전 등에 주목했습니다. [8] 어떤 이들은 우리가 신-신비주의(neomystiek) 혹은 신-낭만주의(neoromantiek)의 시대를 살아가고 있다고 주장했으며, 다른 이들은 '심리주의' 혹은 '상대주의', '자율' 혹은 '무정부' 등과 같은 표현들이 우리가 나아가는 방향을 더 잘 설명한다고 판단했습니다. 이와 같은 명칭들 속에도 일말의 진실이 있을 수는 있겠으나, 그 어떤 명칭들도 현대의 삶을 충분히 표현하고 있지는 않습니다.

왜냐하면 이 새로운 시대에 우리가 항상 마주하게 되는 것은 바로 우리를 소모시키는 내적인 분열이요, 우리를 내몰아대는 끊임없는 불안감이기 때문입니다. 세기 말 시대는 '이행의 시대'로 특징지어졌는데, 사실 이 '이행의 시대'라는 명칭은 많은 것을 말해주지 않습니다. 모든 시대는 이행의 시대이기 때문입니다. 그럼에도 부분적으로 금세기 말에는 모든 사람이 이 시대를 이행의 시기로 느끼고 있고, 이 시기가 그대로 멈춰 있을 수 없다고 의식하고 있으며, 다른 시대의 사람들보다 현재의 시대가 속히 지나가기를 더 강렬히 원한다는 점에서 이 시대는 독특합니다.[2] 우리의 사유와 감정, 우리의 의지와 행동 사이

---

2   Ziegler, *Die geistigen und socialen Strömungen des neunzehnten Jahrhunderts*, 561ff.

서론

에는 어떤 부조화가 있습니다. 그리고 종교와 문화, 학문과 삶 사이에 분열이 있습니다. 또한 세계와 삶에 대한 하나의 '통일된'(einheitliche) 관점이 결여되어 있고, 그렇기에 '세계관과 인생관'(wereld- en levensbeschouwing)이라는 단어는 현시대의 표어가 되었으며,[3] 자기 시대에 관심을 가지는 모든 동시대인은 통일된 세계관을 찾기 위한 노력에 동참하고 있습니다.

'르낭(Renan)의 시대'[4]가 그것의 과학적 유물론, 종교적 근대주의, 도덕적 공리주의, 미학적 자연주의, 정치적 자유주의와 더불어 정신적인 것에 대한 권한을 잃어버렸을 때, [어떤 새로운 사상이 현대인의 마음을 채워주리라는] 기대가 일어났지만, 그것에 만족하지 못해 실망한 젊은 세대가 일어나, 다시 존재의

---

3 '세계관'이라는 단어의 유래와 의미에 대해서는 다음을 참조하라. James Orr, *The Christian View of God and the World as Centring in the Incarnation*, 2nd ed. (Edinburgh: Andrew Elliot, 1893), 415; Albert Maria Weiss, *Die religiöse Gefahr* (Freiburg: Herder, 1904), 106.

4 역자주. Joseph Ernest Renan (1823-1892). 프랑스의 셈족 언어학자, 철학자, 역사가, 및 사상가이다. 그의 초기 기독교의 역사 연구 및 국가주의에 대한 정치 이론이 특징적이다. 가령 『예수의 생애』(*Vie de Jésus*, 1863)에서 그는 예수의 신성을 부인하고, 그를 단지 최고의 인간으로 묘사했다. 또한 종교는 초자연적인 요소들을 배제하여 이해해야 하며, 성경은 하나의 역사책으로 받아들여야 한다고 그는 주장했다. 그 밖에 그는 『국가란 무엇인가?』(*Qu'est-ce qu'une nation?*, 1882)에서 피히테의 민족주의적 국가 개념을 반대하며, 국가를 개인들의 자발적인 모임으로 이해한다. (참조: https://en.wikipedia.org/wiki/Ernest_Renan#Works 2018년 11월 21일 오후 5:30 접근)

기독교 세계관

신비와 씨름하게 되었습니다. [9] 이 새로운 세대는 자신들이 어디엔가 훌륭하게 도달할 수 있으리라고 생각하기보다는 아직 알려지지 않은 것과 알 수 없는 것들이 우리를 사방으로 에워싸고 있다고 인식하게 되었습니다. 한편으로는 사람들이 학문과 문화에 끊임없이 열중한 것을 볼 수 있고, 다른 한편으로는 사람들이 신비주의적 관념론과 보이지 않는 것들에 대한 막연한 믿음으로 돌아가 그러한 생각들이 모든 영역에 영향력을 행사하게 되는 것을 볼 수 있습니다. 우리가 선택하기에 따라 우리는 가장 날것의 이기주의가 부끄러움 없이 행사되는 것을 볼 수도 있고, 병적으로 금욕적이거나 공산주의적인 형태로 공동체에 헌신하는 것이 존경받고 있음을 볼 수도 있습니다. 문학과 예술에서는 평범한 사실주의가 자연과 역사 속의 신비에 대한 사랑으로, 그리고 상징적인 것에 대한 숭배로 대체되었습니다. 애국심은 편협하고 맹목적인 우월주의(chauvinisme)로 변질되었고, '조국 없는 인류'라는 개념을 위하여 희생되었습니다. 사회 및 민족적 본능에 대한 이론은 영웅 숭배, 천재 숭배 및 '초인'(Uebermensch)의 신격화를 통해 부정당하고 있습니다. 존재하는 모든 것을 예찬하는 역사적인 관점이 존재하는 한편, 우리는 역사적인 모든 것을 경멸하는 혁명적인 열망을 우리 안에서 발견하기도 합니다. 과거로의 회귀와 해방은 전리품을 놓고 서로 싸웁니다. 마르크스(Marx)와 니체(Nietzsche)는 군중의 환

서론

심을 사기 위해 동시에 노력합니다. 사회주의와 개인주의, 민주주의와 귀족정, 고전주의와 낭만주의 사이, 무신론과 범신론 사이, 불신앙과 미신 사이에 개화된 인류가 이리저리 흩어져 있습니다.

[10] 그러나 양쪽 모두에게 기독교 신앙은 혐오의 대상입니다. 사람들의 의견이 서로 다를지라도 분명한 것은 역사적 기독교는 그의 시간이 다 되었다는 것입니다. 그것은 더 이상 우리의 코페르니쿠스적 세계관에, 자연과 그것의 불변적 법칙들에 대한 우리의 이해에, 우리의 근대적 문화에, 우리의 현세적 삶의 이해에, 그리고 물질적 상품들에 대한 우리의 평가에 적합하지 않습니다. 성경의 세계관은 더는 우리의 사상의 틀에 끼워 맞춰지지 않습니다. 기독교 전체는 삼위일체와 성육신, 창조와 타락, 죄와 화목, 천국과 지옥과 같은 개념들과 더불어 낡은 세계관에 속하며, 영원히 지나가 버렸습니다. 그것은 더 이상 우리 세대에 말을 걸지 못하며, 어떤 깊은 균열 때문에 우리의 근대적 의식과 삶으로부터 분리되었습니다. 마이어-벤파이(Meyer-Benfey)에 따르면, 우리는 하나님, 영혼, 불멸성과 같은 '표어들'에 더 이상 의미를 두지 않습니다. 오늘날 누가 아직도 하나님의 존재에 대해 논쟁할 필요를 느낍니까? 우리는 더 이상 하나님을 필요로 하지 않으며, 우리의 세상에서 하나님을 위한 자리는 이제 없습니다. 옛 은둔자로 하여금 숲속에 계속 있

으면서 그의 하나님을 찬양하도록 하십시오. 하나님이 죽었고 더 이상 부활하지 않을 것을 차라투스트라(Zarathustra)의 제자 인 우리는 압니다.[5]

그런데 기독교가 부정되는 일과 우리의 근대적 삶에서 경험 하는 내적인 분열이 동시에 일어난다는 사실은, 아마도 이 두 가지 현상이 서로 근원적인 연관 관계를 가지는 것은 아닌지 묻 게 합니다. [11] 그리고 아무도 기독교를 잃어버린 것에 만족하 지 못하고, 오히려 모두가 새로운 종교를 찾기에 몰두한다는 사 실을 볼 때, 우리는 이 질문을 더욱 강력하게 던지게 됩니다. 왜 냐하면 비록 기독교뿐만 아니라 모든 종교가 제거되었다고 말 하는 수천 명의 사람이 있다고 하더라도, 그들 가운데 새로운 종교, 새로운 교리, 새로운 도덕을 요청하는 다수의 사람들이 매일매일 계속해서 증가하기 때문입니다. 종교가 지나간 시대 의 것이라고 평가하는 바로 그 시대조차도 빠른 속도로 우리 눈 앞을 지나갑니다. 점점 소수의 사람들만이 학문과 덕과 예술이 종교를 불필요한 것으로 만들 것이라는 기대를 품고 있습니다. [그러나] 바로 그 종교의 상실 때문에 상당한 수의 새로운 종교 의 발견자들이 어디서나 나타납니다. 새로운 종교는 가장 낯설 고 날것의 요소들로부터 세워집니다. 사람들은 다윈(Darwin)과

---

5   Heinrich Meyer-Benfey, *Moderne Religion* (Leipzig: E. Diederichs, 1902), 130.

서론

헤켈(Haeckel), 니체(Nietzsche)와 톨스토이(Tolstoy), 헤겔(Hegel)과 스피노자(Spinoza)의 사상에 기댑니다. 사람들은 종교의 역사를 알기 위해 많은 나라들과 민족들을 찾아 나서며, 인도와 아랍, 페르시아와 이집트에서 자기 마음에 드는 것을 찾고, 주술, 신지론(theosophie),[6] 강신술과 마술로부터 차용합니다. 그리고 이때, 세계와 인류, 영웅과 천재, 학문과 예술, 국가와 사회, 정신세계와 자연의 힘 등 모든 것이 종교적 찬양의 대상이 됩니다. 모든 사람은 각자의 신성을 가집니다. 종교는 독점적인 발언권을 가지지 않습니다. 사람들은 각자 임의로 종교에 대해 결정할 권한이 있기 때문에, 종교는 많은 사람들에게 사적인 관심사에 불과합니다. 그럼에도 불구하고 그들 모두는 '종교의 진보'를 위해 수고하며, 어떤 새로운 종교, '현세적 세상 종교'(Diesseits- en Weltreligion)에 도달하여, 초자연적이며 '내세적인' 기독교를 대체하고, 그것을 상쇄할 수 있기를 소망합니다.[7]

---

6 역자주. 신지론(theosophy)은 신비적인 체험을 통해 하나님에 대한 지식을 직접적으로 얻을 수 있다고 주장한다. 사상적으로는 영지주의의 계보를 이으며, 17세기에도 '신지론'이라는 단어가 쓰인 기록들이 있다. 1875년에 러시아인 헬레나 블라파트스키(Helena Blavatsky)가 플라톤 철학, 기독교, 불교, 힌두교 사상을 섞어 신지론회(Theosophical Society)를 만들어 본 단어가 널리 알려지게 되었다. (참조: https://www.merriam-webster.com/dictonary/theosophy, 2018.11.24. 오전 4:50 접근)

7 Weiss, *Die religöse Gefahr*, 78-110; Engelbert Lorenz Fischer, *Die modernen Ersatzversuche für das aufgegebene Christentum* (Regensburg:

기독교 세계관

[12] 기독교는 자신을 업신여기는 사람들의 이러한 추구와

G. J. Manz, 1903); E. Haack, *Die modernen Bemühungen um eine Zukunftsreligion* (Leipzig: H. G. Wallmann, 1903); Pierre Daniel Chantepie de la Saussaye, "De godsdienst der wetenschap," *Onze eeuw* 4 (1904): 394-420; Theodor Simon, *Moderne Surrogate für das Christentum* (Berlin: Reimber Hobbing, 1910); Pearson McAdam Muir, *Modern Substitutes for Christianity: The Baird Lectures for 1909* (London: Hodder and Stoughton, 1909); David Balsillie, *Is a World-Religion Possible?* (London: Francis Griffiths, 1909). 더 나아가서 일원론자 연맹*의 종교적 운동, 동방의 별의 교단,** 신사고 운동 교회,*** 일본의 내무부 차관인 토코나미****의 세계 종교, 안니 베산트,***** 압둘 바하****** 등을 떠올려 볼 수 있다.

역자주. * 일원론자 연맹(Monistenbund)은 에른스트 헤켈(Ernst Haeckel)이 1906년 독일 예나(Jena)에서 세운 종교적 정치적 단체다. 그들은 더 이상 전통과 관습에 의해 신성시된 옛 세계관에 만족하지 못하며, 과학적인 토대를 가진 통일된 세계관을 수립해야 함을 주장한다. (https://de.wikipedia.org/wiki/Deutscher_Monistenbund)

** 동방의 별의 교단(Order of the Star in the East, 약칭 OSE)은 1911년부터 1927년까지 활동한 신지론(theosophy) 단체로, 기독교, 불교, 힌두교 등의 요소를 혼합한다. 지두 크리슈나무르티(Jiddu Krishnamurti)가 그리스도-마이트레야(Christ-Maitreya)라고 주장했으나, 크리슈나물티가 스스로 단체를 해산하여 활동이 종결되었다. (https://en.wikipedia.org/wiki/Order_of_the_Star_in_the_East)

*** 신사고 운동(New Thought Movement)은 피니어스 큄비(Phineas Quimby)가 주도한 운동으로, 무한지성 혹은 신이 도처에 있으며 존재의 총합이라는 범신론을 주장한다. 인간 안의 신성을 중시한다. (https://en.wikipedia.org/wiki/New_Thought)

**** 토코나미 타케지로(床次竹二 , 1866-1935)는 일본의 내무부 차관을 지냈으며, 신도, 불교, 기독교가 공존하는 하나의 세계관을 추구했다. (https://en.wikipedia.org/wiki/Tokonami_Takejir%C5%8D)

***** 안니 베산트(Annie Besant, 1847-1933)는 신지론자로 동방의 별의 교단을 창시했다. (https://en.wikipedia.org/wiki/Annie_Besant)

****** 압둘 바하(Abdul Baha, 1844-1921)는 모든 종교의 가치를 인정하고, 모든 사람의 평등을 주장하는 바하이교(Bahai Faith)의 교주였다. (https://en.wikipedia.org/

모색을 무관심함이 아닌 차분한 평온함으로, 그리고 심지어 기쁨의 확신을 가지고서 지켜볼 수 있습니다. 왜냐하면 진실로 기독교는 종교라는 이름으로 현재 유통되는 모든 것들의 대척점에 서 있기 때문입니다. 만일 우리가 기독교를 올바로 이해하고 그것의 정수를 지켜내고자 한다면, 우리는 단호하게 오늘날의 사유 체계들과 사람들이 스스로 발견하고 만들어낸 세계관들에 반대하는 입장을 취할 수밖에 없습니다. '중재'는 있을 수 없습니다. 화해(verzoening)도 생각할 수 없습니다. 동시대인들의 환심을 사기에 그들은 너무 진지합니다. 기독교 신앙과 근대적 인간[8]의 근원적이고 날카로운 대립은, 이 둘이 함께 가는 것을 불가능하게 하며 단호한 선택이 필수라는 통찰을 우리에게 마련해 줍니다. 평화가 아무리 소중한 것이라고 해도, 싸움은 우리 앞에 놓여 있습니다.[9]

[13] 그러나 낙담할 이유는 전혀 없습니다. 적은 자기에게 대항하기 위한 무기를 우리 손에 쥐여 줍니다. 왜냐하면 기독교

---

wiki/%60Abdu1-Bah%C3%A1) (참조: 2019년 12월 5일 오후 11:00 접근)

8 Bartholomäus von Carneri, *Der moderne Mensch: Versuche über Lebensführung. Volksausgabe* (Stuttgart: Emil Strauß, 1901).

9 E. G. Steude, "Auf zum Kampfe!," *Der Beweis des Glaubens* 40 (1904): 3-23.

기독교 세계관

가 제시하는 화해(verzoening)가[10] 거절될 때 모든 사람의 마음 속에는 분열이 불가피하게 일어나기 때문입니다. 우리의 양심 의 증언에 의하면, 우리 존재의 모든 부조화는 우리가 죄로 인 해 하나님으로부터 멀어졌음에도 불구하고 그분과의 교제 없 이 살 수 없다는 점에 기인합니다.[11] 우리에게 적합하지 않다는 이유로 기독교를 내던지는 바로 그 순간, 그것은 우리에게 없어 서는 안 될 것으로 증명됩니다. "그리스도를 없이 하소서!"라고 세상이 소리쳤을 때, 오히려 그리스도께서는 죽으심으로써 당 신만이 세상에 생명을 주시는 분이심을 보여주셨습니다. 근대 적 인간이 세상과 삶에 관해 지어낸 잘못된 신념들은 기독교와 조화되지도 않고, 오히려 완전히 그것의 반대편에 서 있습니다. 그러나 세상과 삶 속에서는 그런 잘못된 신념들이 마치 자기 옷 을 입듯이 잘 들어맞습니다. 오늘날의 이념적 우상들(ideolen)로 부터 빠져나오는 사람, 학문과 학교에서 지배적인 선입견들로 부터 자기 자신을 끌어올릴 수 있는 사람, 보이는 것 뒤에 있는 사물 자체를 보며 세상과 인간, 자연과 역사를 참되게 그 자체 인 바 그대로 깨어 공정하게 받아들이는 사람, 이런 사람의 마

---

10 역자주. 또는 하나 됨이.

11 Paul Tillich, *Mystik und Schuldbewußtsein in Schellings philosophischer Entwicklung* (Gütersloh: C. Bertelsmann, 1912)을 비교하라.

음에 항상 기독교는 그것의 세계관이 세계와 삶에 꼭 들어맞는 종교라는 확신이 더욱 강하게 듭니다.[12] 기독교라는 이념과 실재하는 것들의 의미는 열쇠와 자물쇠처럼 서로 관계를 맺고, 서로가 서로에게 완전히 들어맞습니다. [14] 예로부터 한 세계관에 있어서 주된 질문들을 이루는 세 가지 문제들을 통해서 이점이 좀 더 명확해질 것입니다.

이미 그리스에서 철학, 곧 당시의 학문 일반은, 논리학(*dialectica*), 자연학(*physica*), 윤리학(*ethica*)으로 구분되었습니다. 이러한 명칭은 부분적으로 바뀌거나 논리학(*logica*, 또는 지식학 *noetica*), 자연 및 정신 철학(natuur- en geestes-philosophie) 등의 명칭으로 아예 대체될 수도 있습니다. 그렇지만 이 모든 구분들은 결국 고전적인 세 범주 아래에 들어옵니다.[13] 인간의 정신이 항상 다시 도달하는 질문들은 다음의 것들입니다. 사유(denken)와 존재(zijn), 존재(zijn)와 생성(worden), 그리고 생성(worden)과 행동(handelen) 사이의 관계란 무엇인가? 나는 무엇이며, 세계는 무엇이며, 세계 안에서 나의 자리와 과업은 무엇인가? 자율적

---

12 기독교 자체는 학문도 철학도 아닌 종교이지만, 어떤 특정한 세계관을 포함한다는 점은 다음을 통해 더욱 분명하게 드러난다. James Orr, *The Christian View of God and the World as Centring in the Incarnation*, 3-26.

13 Eduard von Hartmann, *Philosophie des Unbewussten*, 11th ed., 3 vols. (Leipzig: Haacke, 1904), 3:18.

기독교 세계관

인(autonome) 사유는 이 질문들에 만족스러운 대답을 찾지 못합니다. 그것은 유물론(materialisme)과 유심론(spiritualisme), 원자론(atomisme)과 역본설(dynamisme), 율법주의(nomisme)와 반율법주의(antinomisme) 사이에서 갈팡질팡합니다. 그러나 기독교는 균형을 지키며, 사람을 하나님과 화목케 하고(verzoent), 또한 그럼으로써 사람을 자기 자신과 세계와 삶과 화목케 하는 지혜를 계시합니다.

서론

사유와 존재

제1장

1 ——————— 사유와 존재, 그리고 지각[14]

[15] [기독교가 이처럼 하나님과 인간, 세계와 삶에 관한 균형
있는 지혜를 제공한다는 사실은] 먼저 사유와 존재의 문제를
통해서 드러납니다. 예로부터 인류는 정신이 어떻게 우리의 의
식 바깥의 사물들을 가지며, 어떻게 생각 속에서 사물들을 알
수 있는지, 그리하여 인간의 지식의 근원과 본질, 그리고 한계
는 무엇인지에 관해 숙고해 왔습니다. 우리 모두가 자연스럽게

---

14 역자주. 바빙크는 철학의 기본 개념들인 감각(gewaarwording), 지각(waarneming),
판단(oordeel) 등을 그대로 차용한다. 감각은 우리의 감각 기관들이 받아들이는
날 것의 경험 자료들이다. 가령, 우리는 어떤 사과를 볼 때에, 그것을 '사과'라고
인식하기 전에, 어떤 빨간 색, 어떤 동그란 모양, 어떤 향기와 촉감 등을 마주하
는데, 이것들은 우리가 감각의 단계에서 인식하게 되는 것들이다. 우리가 지각
의 단계로 이행할 때에, 감각을 통해 주어진 모든 자료들이 어떤 하나의 대상에
게 속성으로 귀속된다. 그리하여 우리는 '이 빨갛고 동그랗고 향기로운 사과'라
는 표상을 가지게 된다. 대상을 지각한 후에 우리는 판단의 단계로 넘어갈 수 있
다. 판단은 명제의 형태로 대상에 관한 진리를 표현하는 것이다. '이 사과는 빨갛
고, 동그랗고, 향기롭다.'는 명제적인 형태로 표현된 판단이다. 그리고 판단을 통
해 진리로 확인된 명제들이 모여서 학문(wetenschap)을 이룬다.

기독교 세계관

그리고 아무런 강제 없이 우리 바깥의 세계의 존재를 받아들이고, 지각과 사유를 통해 외부 세계를 우리 정신의 소유물로 만들고자 하며, 그렇게 함으로써 사물들에 대한 더 순수하고 신뢰할 만한 인식을 얻고자 한다는 점은 확실합니다. 그러나 우리의 의식으로부터 독립적인 존재의 실재성에 대한 믿음은 무엇에 근거하고 있으며, 지각과 사유를 통해 풍성해지는 우리의 의식이 존재의 세계와 일치한다는 보증은 어디에 있습니까?

사람들이 이 문제에 맞닥뜨릴 때마다, 거의 대부분 한쪽이나 다른 쪽으로부터 출발하여, 존재를 위해 앎을, 또는 앎을 위해 존재를 희생해왔습니다. 경험주의는 오직 감각적 지각만을 신뢰하여, 기초적 감각들(gewaarwordingen)을 표상들과 개념들, 판단과 추론으로 가공하면 할수록 우리가 현실로부터 멀어진다고 주장하며, 그런 가공 과정을 통해서 우리는 단지 명칭들(*nomina*), 물론 '뜻 없는 이름'(*flatus vocis*)이나 소리는 아닐지라도, '정신의 개념'(*conceptus mentis*)일 뿐인 주관적 표상들만을 가질 뿐이라고 합니다. [16] 반대로 이성주의에 의하면, 감각적 지각은 우리에게 어떠한 참된 인식도 제공하지 않으며, 그것은 단지 덧없고 가변적인 현상들만을 눈앞으로 가져오되 우리가 사물의 본질을 볼 수 있게 하지는 못합니다. 그러므로 참되고 본질적인(wezenlijke) 인식은 감각적 지각으로부터가 아니라, 각 사람의 영혼으로부터 나오는 사유를 통해서만 일어날 수 있

제1장 사유와 존재

습니다. 우리는 자기반성(zelfbezinning)을 통해서 사물의 본질을 배우며 세계를 이해합니다.

이 두 가지 관점들을 [각각 충실히] 따라가면, 두 가지 관점 [모두의] 경우에서, 주체와 객체, 앎과 존재의 조화는 깨어져 있습니다. 저편[, 곧 경험주의]에서는 세계가 유명론에 따라 부분들과 원자들로 쪼개어집니다. 이편[, 곧 이성주의]에서는 실재론의 범위를 능가하여(hyper-realistisch) 실재가 관념과 동일시됩니다. 저편에서는 감각주의(sensualisme)와 물질주의(materialisme), 이편에서는 관념론(idealisme)과 일원론(monisme)의 위험이 도사리고 있습니다. 양쪽에 있어서 '지성과 사물의 일치'(conformitas intellectus et rei), 사유와 존재의 일치로서의 진리의 개념은 사라지고 맙니다. 왜냐하면 경험론에 의하면 진리는 경험적이고 감각적으로 지각 가능한 실재성(werkelijkheid)[15]과 더불어 일어나며, 합리론에 의하면 진리는 사유의 그 자신과의 일치로부터, 내적 명증성과 사유의 필연성으로부터 나오기 때문입니다. 그리하여 마침내 양쪽의 관점 모두에서 과연 진리는 존재하는지, 만일 존재한다면 그 진리는 무엇인지에 대한 질

---

15 역자주. 'werkelijkheid'는 직역하면 '현실', '실제', '실제성'에 더 가까우나, 의미상 '실재, 실재성'(realiteit)과 거의 차이가 없기에, 가독성을 위해서 'werkelijkheid' 및 'realiteit'를 대부분 통일적으로 '실재' 혹은 '실재성'으로 번역했다.

문이 일어납니다.

그러나 이 진리라는 것은 우리 인식능력에 있어서 필수 불가결한 선(善)이며, 따라서 그것은 모든 학문의 목적입니다. 만일 진리가 존재하지 않는다면, 모든 인식과 학문이 그와 함께 무너집니다. [17] 그러므로 기독교는 진리를 알게 하며 진리를 하나의 객관적 실재로 견지한다는 점에서 무엇보다 그것의 지혜를 드러냅니다. 이 객관적 실재(realiteit)는 우리의 의식으로부터 독립적으로 존재하며, 당신의 작품인 자연과 은혜를 통해 하나님께서 우리에게 전시하고 계시는 것입니다. 그리하여 모든 사람은 한결같이 자발적으로 세계가 자기 바깥에 존재하며, 그가 순수한 지각을 통해 알게 되는 그대로 존재한다는 확신으로부터 출발합니다. 그에게 의심은 일어나지 않습니다. 어떤 이유와 근거로 세계가 객관적으로 존재한다고 생각하는지에 대해 설명하려고 할 때에야 비로소 그의 그러한 생각의 정당성에 관한 의심이 일어납니다. 왜냐하면 한편으로는 물리적 실재성과 심리적 감각 사이의 차이와 간격이 너무 커서 일치와 조화가 있을 수 없다고 보이며, 다른 한편으로는 외부 세계의 실재성과 감각적 지각의 참됨을 신뢰한다는 것은 너무나 임의적인 믿음의 행동이며, 그것을 엄밀하게 학문적으로 증명한다는 것은 가장 날카로운 성찰에게 적합하지 않아 [보이기] 때문입니다. [그러나] 믿음으로부터 출발하기를 원하지 않고 오히려 충분한 증명을 요구하는 사람은 스스로 학문으로의 길을 차단하면서 자기의 발을 회의주의의 경사진 길에 들여놓은 것과 같습니다.

이런 헛디딤은 우리가 우리 자신의 감각들과 표상들 외에는 직접적으로 아무것도 알 수 없다고 주장할 때에 이미 일어납니다. 그렇게 말하는 사람은 이미 관념론의 올가미에 스스로 걸려들었으며, 더는 논증을 통해서 그로부터 자유로워질 수 없습니다. [18] 왜냐하면 모든 지식이 우리의 감각들과 표상들로부터만 출발한다는 그 동일한 주장이 다시 외부 세계의 실재성과 감각적 지각의 신뢰성에 관한 입증에 적용되어야 하기 때문입니다. 원인과 결과에 관한 그 어떤 법칙도 그 자신의 표상들로 이루어진 마술의 원(toovercirkel)으로부터 관념론의 원리(principe)와 출발점을 받아들이는 사람을 구출해낼 수 없습니다. 하나의 표상으로부터는 단지 다른 하나의 표상을 추론할 수는 있겠지만, 결코 논증을 통해서는 사유와 존재의 간극을 메울 수는 없습니다. 이 점에 있어서 의지주의(voluntarisme)도 아무런 도움이 되지 못합니다. 왜냐하면 다시금 관념론의 관점에서 우리의 의지가 경험하는 대상은 의지 자체와 마찬가지로 하나의 표상이기 때문입니다. 의지와 대상은 각각 내 의식으로부터 독립적인 두 개의 실재들이 아니라, 서로가 어떤 관계 속에 놓인 두 개의 의식 작용들(bewustzijnsacten)입니다. 관념론이 주도적 원리로 취해질 때 실재론뿐 아니라 비판적 초월론적 실재론(het critisch en transcendentaal realisme)을 위한 자리도 남아 있지 않게 됩니다. 인과성이라는 범주가 초월적인(transcendente) 유효성을 가질 수 있다는 증거는 더 이상 존재하지 않습니다. 왜냐하면 인과성의 범주는 존재하는 세계에서야 비로소 힘을 가질 수 있으며, 실재성이 아직 증명되어야 하는 세계에서는 그렇지 못하기 때문입니다.

이 모든 점들은 존재는 오직 사유를 통해서, 객체는 오직 주체를 통해서만 알 수 있다는 사실을 부정하지는 않습니다. 어떤 사람이 길을 가면서 자기 자신을 보지 않고 지나칠 수 없으며 스스로의 어깨 위에 설 수 없기 때문에, 그 누구도 이 점을 부인할 수는 없습니다. 우리는 외부 세계를 오직 우리의 감각을 통해서 알며, 이 감각 없이는 외부 세계에 결코 접근할 수 없습니다. 자기 바깥에 있는 지식을 제어할 수 있기도 전에 모든 지식을 부정하는 사람은 앎에 있어서 불가능하고도 불합리한 요구를 하고 있습니다. 왜냐하면 앎이라는 것은 항상 주체와 객체 사이의 관계 외에 다른 것일 수 없기 때문입니다. [19] 주체와 객체 둘 중 하나를 잃어버릴 경우에 더 이상 앎은 존재하지 않습니다.

그럼에도 불구하고 모든 지식이 오직 주체를 통해서만 객체에 관한 것일 수 있다는 이러한 인식은 주체가 직접적으로 아는 것이 오직 자기 자신의 감각들과 표상들밖에 없다는 관념론의 주장과 거리가 매우 멉니다. 우리가 우리 자신에 관한 심리학적 연구를 하고, 우리 자신의 영혼의 삶을 반성하기 시작할 때에 비로소 우리의 감각들과 표상들은 대상, 곧 인식의 직접적인 대상이 됩니다. 그러나 심리학은 '인식론'(Erkenntnisstheorie)과는 다른 것입니다. 우리가 우리 바깥의 세계를 지각할 때, 세계를 통해서 우리가 수용하는 감각들과 표상들은 우리의 인식의 **대상**이 아닙니다. 그것들은 우리가 지각을 통해서 우리 바깥의 사물들로부터 직접적으로 얻은 인식 자체입니다. 이러한 감각들 속에서 우리는 어떤 경우에도 가장 먼저 그리고 직접적으로 이 감각들에 관한 인식이 아닌, 감각된 것[, 즉 사물]에 대한 인식을 가집니다. 그리고 우리는 감각들로부터 삼단논법을 통해서 어쩌면 존재하지 않는, 혹은 우리가 지각하는 바와 전혀 다르게 존재하는 우리 바깥의 세계를 추론하지 않습니다. 오히려 이 감각들 속에서 객관적 세계 자체가 우리에게 주어집니다. 그리고 이 객관적 세계는 우리가 그것을 지각할 때에, 우리를 통해서 인식되고 받아들여집니다.[16] 물론 이 감각들은 자주 순수하

---

16 Friedrich Adolf Trendelenburg, *Logische Untersuchungen*, 2nd ed., 2 vols. (Leipzig: S. Hirzel, 1862), 2:476ff.; Engelbert Lorenz Fischer, *Die Grundfragen der Erkenntnisstheorie: Kritik der bisherigen erkenntnisstheoretischen Standpunkte und Grundlegung des kritischen Realismus* (Mainz: F. Kirchheim, 1887), 240ff; Wilhelm Wundt, *Grundriss der Psychologie*, 2nd

기독교 세계관

지 않으며[17] 부정확합니다. 우리의 감각 기관들은 불완전하며, 우리의 주관적 상태(subjectiviteit)가 지각에도 영향을 미칩니다. [20] 그럼에도 불구하고 감각이 불순하고 부정확하여 오직 계속 반복되는 엄밀한 지각을 통해서만 시정될 수 있다고 하는 사실은 우리가 감각들과 표상들 속에서 객관적 현실(werkelijkheid)에 대해 믿을 만한 인식을 소유한다는 확신을 저해하지는 않습니다. 최근의 연구들을 통해 더 널리 알려진 바와 같이, 색깔들, 소리들과도 같은 사물들의 질적(qualitatieve) 속성들조차도 감각 기관들에게 본유적인(aangeboren) 어떤 특정한 힘(energie)만으로 설명될 수 없고, 오히려 신경들의 외부적 자극들을 통해서 더 적절하게 규명됩니다.[18]

---

ed. (Leipzig: Wilehlm Engelmann, 1897), 52ff.; Theodore Ziehen, *Leitfaden der physiologischen Psychologie in 15 Vorlesungen*, 5th ed. (Jena: Gustav Fischer, 1900), 30; Johannes Reinke, *Die Welt als That: Umrisse einer Weltansicht auf naturwissenschaftlicher Grundlage*, 3rd ed. (Berlin: Gebrüder Paetel, 1903), 25.97.*; Rudolf Eisler, *Wörterbuch des philosophische Begriffe*, 2nd ed., 2 vols. (Berlin: Ernst Siegfried Mittler und Sohn, 1904), 1:269ff.

* 역자주. '25.97.'은 바빙크의 표기로, 연대, 판본, 페이지를 의미하는 것인지 불분명하다. 바빙크는 아래의 각주 38번에서 제3판을 언급한다.

17 역자주. 원문의 onzuizer를 onzuiver로 읽음.

18 James Orr, *David Hume and His Influence on Philosophy and Theology* (Edinburgh: T.&T. Clark, 1903); Christoph Willems, *Die Erkenntnislehre des modernen Idealismus* (Trier: Paulinus-Druckerei, 1906); Richard Hönigswald, *Über die Lehre Hume's von der Realität der Aussendinge: Eine*

이러한 사실은 모든 감각들과 표상들의 토대에 놓여 있습니다. 이것을 부정하는 사람은 모든 진리와 학문의 토대를 무너뜨립니다. 그 때에 그는 니체와 함께 주체와 객체는 각각 절대적으로 다른 영역들이며 사람은 항상 앎에 도달하는 데 자기 자신을 방해하고 자신의 주관적 감각들을 통해 늘 사물들을 감춘다는 이론에 도달합니다. 니체와 같이 주장한다면, 존재의 세계는 없으며 진리의 왕국은 존재하지 않는다는 것이 논리적인 귀결입니다. '외견상의'(schijnbare) 세계가 유일한 세계이며, 소위 '참된 세계'는 우리가 꾸며낸 것입니다. 진리가 가상보다 더 가치 있다는 명제는 단지 일종의 도덕적 선입견이며 금욕주의적인 이상일 뿐입니다. 신약 성경에서 유일하게 쓸모 있는 말은 '진리가 무엇이냐'라는 빌라도의 회의적인 질문뿐입니다.[19]

---

erkenntnistheoretische Untersuchung (Berlin: C. A. Schwetschke & Sohn, 1904); Herman Bavinck, *Wijsbegeerte der openbaring* (Kampen: J. H. Kok, 1908), 61ff. 역자주. Herman Bavinck, 『계시 철학: 개정·확장·해제본』, 박재은 역(군포: 도서출판 다함, 2019), 171 이하를 참조하라.

19 Friedrich Rittelmeyer, *Friedrich Nietzsche und das Erkenntnisproblem* (Leipzig: Wilhelm Engelmann, 1903), 6, 16, 33, 60-62. 사실 이것은 인간을 만물의 척도로 삼았던 옛 소피스트들의 이론과 다를 바 없다. 그러나 오늘날 이 궤변(sophisme)은 니체에서와 같이 거친 형태가 아니더라도, 특히 William James의 소위 실용주의를 통해서 쇄신되고 있어, 반지성주의적인 입장에서 진리의 특징을 지식의 실용성과 유익함에서 찾는다. Joseph de Tonquédec, *La notion de vérité dans La "Philosophie Nouvelle"* (Paris: Gabriel Beauchesne, 1908); August Deneffe, "Relative Wahrheit," *Stimmen aus Maria-Laach* 78 (1910):

기독교 세계관

[21] 진리를 인식하는 것은 주체와 객체, 앎과 존재가 서로 대응한다는 사실로부터 우리가 출발할 때에만 가능합니다. 이 사실은 모든 사람의 직접적인 의식 안에서 확고하게 주어지며, 여전히 진리와 학문을 신뢰하는 모든 사람들을 통해서 의식적으로나 무의식적으로 받아들여지고 있습니다. 이 사실을 해명하는 과업이 학문에 위임되어 있습니다. 그러나 학문이 이를 수행할 능력이 없다면, 자멸을 대가로 치르되 그 과업만은 훼손하지 않은 채로 놔두게 될 것입니다. 학문은 오직 우리의 입술로 전능하사 천지를 만드신 하나님 아버지를 고백하게 하는 하나님의 말씀의 지혜로 밝히 드러나는 것이 허용될 때에만 진리에 대한 인식을 해명할 수 있게 됩니다. 창조에 대한 이러한 고백은 단지 우리 기독교 신앙의 첫 번째 조항일 뿐만 아니라,[20] 모든 인식과 학문의 토대 및 초석이기도 합니다. 이 고백을 통해

56-66; Wladislaus Switalski, "Der Wahrheitsbegriff des Pragmatismus nach William James: Eine erkenntniskritische Studie," in *Verzeichnis der Vorlesungen am Königlichen Lyceum Hosianum zu Braunsberg im Winter-Sememster 1910/11*, ed. Victor Röhrich, 1-58 (Braunsberg: Heynes Druckerei, 1910); Johan Gerhard Ubbink, "Het pragmatisme van William James: vooral in zijne beteekenis voor de theologie" (D. Phil. Diss., Vrije Universiteit Amsterdam, 1912).

20 역자주. 사도신경의 첫 번째 조항, 곧 "전능하사 천지를 만드신 하나님 아버지를 내가 믿사오며"를 가리킨다.

서만 주체와 객체, 사유와 존재의 조화를 이해하고 견지할 수 있습니다. 그러므로 어떤 공통적인 근원으로 인해 우리 지각의 기관들은 온 천지 만물을 조성(組成)하는 요소들(elementen)과 유사하며, 우리는 세계를 어떤 특정한 출발점으로부터 어떤 특정한 방식대로 알게 됩니다. [22] 우리가 세계를 인식하는 방식들 안에는 과연 어떤 특정한 힘이 있기는 하되, 이 힘은 객관적 세계로부터 출발하여 감각 기관들로 이행하는 다양한 작용들에 상응합니다.

그러므로 모든 지성적 인식은 감각적 지각과 함께 시작합니다. 성경은 인간에게 지식을 얻기 위해서 자기 자신의 이성을 찾으라고 하기보다, 하나님께서 창조하신 모든 피조물들 속에 드러난 당신의 계시를 추구하라고 말합니다. "눈을 들어 누가 이 모든 만물을 창조하셨는지 보라. 자연법칙과 양심의 증언을 보라, 다른 곳에서는 여명을 보지 못할 것이다. 주의 말씀을 팽개치는 사람은 어떤 지혜도 가질 수 없다." 이것은 경험론의 지혜입니다. 존재(het zijn)란 주체의 감각적 지각이 그것에 상응하는 바의 실재(realiteit)입니다.

2 ─────── 사유와 존재, 그리고 학문

사람이 사유를 통해서 감각적 지각으로부터 학문의 수준으로 자신을 끌어올릴 때에 주체와 객체의 유사성은 더 많은 중요성을 지니게 됩니다. 만일 우리가 직관이라는 것을 넓은 의미로 받아들이고 단지 시각(視覺)적인 지각에 그것을 제한하지 않는다면, 당연히 직관들은 우리의 인식의 기초요 질료입니다. 개념들 없이는 직관들이 맹목적인 것으로 남아 있듯이, 직관 없이는 개념들이 공허합니다. 그런데 인간의 정신이 표상들로부터 개념을, 그리고 다시 이것들로부터 판단들과 추론들을 형성해 갈 때, 마치 그는 현실의 토대를 떠나 구름 위에 성을 지어가는 것 같아 보입니다.

[23] 물론 이런 중대한 반대 때문에, 어떤 사람은 그러한 이성의 사용(redeneering)이 전부 비실용적이고 쓸모없는 형이상학이라고 말함으로써 문제를 해소해버리려 할 수 있겠지만, 이는 학문하는 사람이 하기에 바람직한 대답은 아닙니다. 물론, 세계의 사유 가능성과 인식 가능성은 모든 앎을 위한 전제이

기는 하지만, 이 전제는 너무나 큰 중요성을 지니고 있어서, 그것은 깊이 생각되고 정당화되어야만 합니다. 학문적 작업을 하는 사람은 자기의 행동과 방치를 자신과 다른 사람들에게 설명할 수 있어야 합니다. 만일 우리가 이 반대를 부정하려고 하는 경향이 있다면, 우리는 오늘날 경험비판론(empiriocriticisme)[21]을 통해서 거칠게 비난받을 것입니다. 왜냐하면 니체가 개념을 '직관의 묘지'라고 했으며,[22] 마흐(Mach)와 아베나리우스(Avenarius)도 우리가 어떤 물체(lichaam)에 대해 말할 때 우리에게 오직 어떤 특정한 시각(視覺), 촉각, 온도 지각들만이 실제로 그리고 객관적으로 주어진다는 견해를 가지기 때문입니다. 그들의 견해에 따르면 세계는 물리적 사물들과 심리적 주체들로 구성되지 않고, 오히려 색깔, 음색, 압력, 온도, 공간, 시간 등 우리의 감각의 가장 단순한 요소들로 구성됩니다. 그럼에도 불구하고 우리가 물체들에 대해 말할 때 우리가 모든 감각들을 매번 개별적으로 열거할 수 없기 때문에, 그래서 실용적이고 경제적인 이

---

21 역자주. 경험비판론(empirio-criticism)은 독일 철학자 리하르드 아베나리우스(Richard Avenarius)에 의해 정립되고, 에른스트 마흐(Ernst Mach)에 의해 발전된, 엄밀한 실증주의(positivism) 혹은 극단적 경험론적 철학을 일컫는다. 경험비판론에 따르면, 우리가 알 수 있는 것은 오직 우리의 감각들이며, 지식은 순수 경험에만 국한되어야 한다고 한다. (참조: https://en.wikipedia.org/wiki/Ernst_Mach 2018년 12월 17일 오후 5:37 접근)

22 Rittelmeyer, *Friedrich Nietzsche und das Erkenntnisproblem*, 15.

유 때문에 통상적으로 서로 연결되는 다수의 감각들이 하나의 군집(groep)으로 모이게 됩니다. 그리하여 표상들과 개념들은 객관적 실재에 대응하는 것이 아니라 일종의 축약들이며, 통상적으로 서로 연결되어 나타나는 요소들의 군집에 관한 '사유-상징'(Gedankensymbole)들입니다. [24] 그것들은 지성적 가치를 갖지 않되, 오직 심리적 가치만을 가집니다. 그것들은 우리로 하여금 일시적으로 세상 속에서 우리의 위치를 알게 하며, 실용적으로 사용되기 위한 임시변통의 역할을 합니다. 그것들은 감각들이 우리에게 산출하는 물체들이 아니라 우리가 감각들로부터 형성한 군집들이며, 이 군집들이 사물들을 형성합니다. 그리하여 표상들과 개념들은 세계와 더불어 객관적일 뿐만 아니라 인간과 더불어 주관적인 것으로 간주됩니다. **자아**(het Ik)는 객관적으로 존재하는 실재가 아니라 통상적으로 함께 나타나는 요소들의 군집일 뿐입니다. 그리하여 자아는 실재적인 통일체가 아니라 단지 관념적인 사유-경제적 통일체(denk-oeconomische eenheid)를 이루며, 그것은 매 순간 바뀝니다.[23]

---

23 Ernst Mach, *Populär-Wissenschaftliche Vorlesungen* (Leipzig: Johann Ambrosius Barth, 1897); Ernst Mach, *Erkenntnis und Irrtum: Skizzen zur Psychologie der Forschung* (Leipzig: Johann Ambrosius Barth, 1905); Richard Avenarius, *Kritik der reinen Erfahrung*, 2 vols. (Leipzig: R. Reisland, 1888, 1890); Max Verworn, *Naturwissenschaft und Weltanschauung* (Leipzig:

[25] 물론 우리의 표상들은 우리의 여러 가지 감각 기관들을

Johann Ambrosius Barth, 1904); Max Verworn, *Die Mechanik des Geisteslebens* (Leipzig: B. G. Teubner, 1907). 이와 유사한 내재 철학(immanente philosophie) 에 관해서는 [Wilhelm] Schuppe, [Richard von] Schubert-Soldern, M. R. Kaufman 등을 참조하라. Cf. Richard Hönigswald, *Zur Kritik der Machschen Philosophie: Eine erkenntnistheoretische Studie* (Berlin: C. A. Schwetschke und Sohn, 1903); Bernhard Hell, *Ernst Mach's Philosophie: Eine erkenntniskritische Studie über Wirklichkeit und Wert* (Stuttgart: Fr. Frommann, 1907); Oskar Ewald, *Richard Avenarius als Begründer des Empiriokritizismus: Eine erkenntniskritische Untersuchung über das Verhältnis von Wert und Wirklichkeit* (Berlin: Ernst Hofmann & Co., 1905); C. B. Spruyt, *Het empiriocriticisme, de jongste vorm van de wijsbegeerte der ervaring* (Amsterdam: J. H. de Bussy, 1899); A. Schapira, *Erkenntnistheoretische Strömungen der Gegenwart: Schuppe, Wundt und Sigwart als Erkenntnistheoretiker* (Bern: Scheitlin Spring & Cie., 1904); John Bernhard Stallo, *Die Begriffe und Theorien der modernen Physik, tr. Hans Kleinpeter* (Leipzig: Johann Ambrosius Barth, 1901) (* 역자주. 영어 원문은 다음과 같다. John Bernhard Stallo, *The Concepts and Theories of Modern Physics*, 3rd ed. (New York: D. Appleton and Company, 1897)); Hans Kleinpeter, *Die Erkenntnistheorie der Naturforschung der Gegenwart: Unter Zugrundelegung der Anschauungen von Mach, Stallo, Clifford, Kirchhoff, Hertz, Pearson und Ostwald* (Leipzig: Johann Ambrosius Barth, 1905); Johannes Classen, *Vorlesungen über moderne Naturphilosophen* (Hamburg: C. Boysen, 1908); D. G. Jelgersma, "Modern Positivisme," *De gids* 68 (1904): 80-105, 265-304; B. H. C. K. van der Wijck, "Hedendaagsch Positivisme," *Onze Eeuw* 5 (1905): 288-297; Willem Koster, *De ontkenning van het bestaan der materie en de moderne physiologische psychologie* (Haarlem: H. D. Tjeenk Willink & Zoon, 1904).

최근 인식론의 영역에서 매우 큰 불확실성과 극심한 오류가 어떻게 지배적이게 되었는지는 다음을 통해 밝히 드러난다. Konstantin Kempf, "Der Bankrott der modernen Erkenntniskritik," *Stimmen aus Maria Laach* 79 (1910): 146-

통해 받아들여진 수많은 다양한 감각들의 결합이라는 사실에 대해서는 논쟁의 여지가 없습니다. 개념들은 다시 수많은 상이한 표상들로부터 형성된 추상들 및 결합들입니다. 실험적 증거들과 수학적 증명들은 우리의 표상들과 개념들에 상응하는 객관적 실재성을 제공해 주지는 못합니다. 주체와 객체로 이루어진 객관적 세계에 대해 믿기도 전에 그러한 증거들을 요청하는 사람은 어떠한 방식으로도 충족될 수 없는 조건을 내세웁니다. 심지어 그는 감각들에 관한 모든 초월적 가치를 부정하도록 강요당합니다. 왜냐하면 감각들이 색깔, 음색, 움직임 등으로 이루어진 객관적 세계를 통해 발생했다는 것을 제시하는 어떠한 충족적 논거도 존재하지 않기 때문입니다. 비록 사람들이 이러한 회의론적 결론은 피할지라도, 표상들과 개념들에 대한 유명론적 이해는 모든 학문과 진리를 하나의 공상으로 만들어버립니다. 게다가 이 점은 가령 마흐 자신도 인정한 바입니다. 왜냐하면 그는 우선 모든 표상들과 개념들의 주관적 성격을 조명한 후, 표상들과 개념들의 형성이 우리 인식 능력의 실천적·경제적·목적론적 측면에 따라 지배되며 그러한 형성이 학문의 획득에도 필요하다는 것을 보여주려고 하기 때문입니다. 왜냐하

156, 268-282. 또한 다음도 비교하라. Leonard Nelson, *Über das sogenannte Erkenntnisproblem* (Göttingen: Vandenhoeck & Ruprecht, 1908).

면 "다채로운 변화 속에서 남아 있는 것을 발견하는 데 성공하지 못한다면 세계를 사유 안에 반영시키려는 우리의 모든 수고는 무익하게 되기 때문입니다." [26] 학문의 발생과 사용은 "우리의 환경이 매우 항구적이라는 점과 연관되어 있습니다." 마흐의 입장에 따를 때 어떻게 그런 지속성을 주체와 객체 안에 발견할 수 있는지 우리는 이해하기 어렵습니다. 그러나 그의 입장을 요약하자면, 결국 사람은 경제적인 이유로 그 자체로는 존재하지 않는 어떤 지속성을 주체와 객체에 부여합니다. 현상들로부터 질서와 규칙을 도출하고, 또한 그것들을 자연으로 만드는 것은 사람입니다. 사람은 학문을 위해 필요한 "우리의 환경의 충분한 항상성"(hinreichende Gleichförmigkeit)을 만들어냅니다. 지성(verstand)은 여기서, 칸트(Kant)에서와 마찬가지로, 그 자체가 "자연에 대한 법칙수여"(Gesetzgebung)입니다.²⁴

그리하여 그와 상반되는 자기 자신의 진술들에도 불구하고,

---

24 Hönigswald, *Zur Kritik der Machschen Philosophie*, 27.*
  * 역자주. Hönigswald는 Kant의 *Critik der reinen Vernunft* (KrV) A판 (1781) p.126을 인용하고 있다. 해당 저서에서 칸트는 다음과 같이 말하고 있다. "지성은 단지 현상들을 비교함으로써 규칙들을 만들어낼 수 있는 능력이기만 한 것이 아니다. 지성은 자연에 대한 법칙수여 그 자체다. 지성이 없이는 도무지 자연, 즉 규칙들을 따라서 종합된 다양한 현상들의 통일체가 존재하지 않았을 것이다." Immanuel Kant, *Critik der reinen Vernunft* (Riga: Johann Friedrich Hartknoch, 1781), 126-127.

기독교 세계관

결국 경험비판론은 학문이 어떤 존재하는 것, 현상들의 변화 속에서 항구적으로 남아 있는 어떤 것이라는 주장과 더불어 학문이 어떤 본질, 사물들의 어떤 관념을 전제로 한다는 주장을 부정합니다. 그리고 만일 이러한 주장이 단지 객체 안에서 항구적인 것이 존재하기는 하지만 발견되지 못할 따름이라는 것을 의미한다면, 항구성은 주체에서부터 객체로 이관되며 자연이 사람을 통해 형태 지어진다는 점을 허용합니다.

그러나 이것은 단지 미봉책에 불과합니다. 왜냐하면 다음 중에서 오직 한 경우만 참일 수 있기 때문입니다. 첫째, 객관적 세계는 어떠한 토대도 제공하지 않고 사람의 지성은 객관적 세계의 형성을 순전히 임의적으로 수행합니다. 이 경우에 우리의 정신을 통해 만들어진 현상적 세계는 환상에 불과하며, 니체가 표현한 것과 같이, 우리가 가공(架空)해 낸 것일 뿐입니다. 둘째, 지성은 이것을 적법하게 수행하며, 창조된 성질과 본성에 따라 실행한다면, 지성을 통해 그렇게 해석되는 자연은 그 해석을 위한 소여(所與, gegevens)들을 자기 자신 안에 포함한다는 것이 전제됩니다. 그리고 이 경우, 지성이 생각 속에 주관적으로 존재할 뿐만 아니라 자연도 생각 안에 객관적으로 존재해야 하며, 이 둘은 생각으로부터 생겨나야 합니다. [27] "왜냐하면 단지 주관적·경험적으로 확실할 뿐 아니라, 객관적이기도 한 진리를 의미하는 앎(Wissen)이란, 실존하고 살아 있는 모든 사람의 정신이 공통적으로 가지는 범주들 및 근본 명제들과 이념들 위에 세워져 있으며, 아무리 개별 학문의 영역적 특수성들을 고려하더라도, 이것들 없이는 어떠한 학문적 인식도 존재할 수 없기 때문"[25]이라고 베를린 대학의 교수 페르디난트 야콥 슈미트(Ferdinand Jakob Schmidt)가 옳게 말한 바 있습니다. 하인리히 리케르트(Heinrich Rickert)도 그의 책 『자연 과학의 개념 형성의 한계』에서 세계를 지배하는 선한 의지가 우리 모두의 사유와 앎의 전제라고 강력하게 논증합니다.[26] 어떠한 방식으로 고찰하든지 진리와 학문의 개념과 더불어 편견 없이 일관되게 고찰한다면, 우리는 기독교적 유신론에 도달하게 됩니다.

이것은 우리에게 다음의 사실을 가르쳐줍니다. 모든 사물은 지혜를 통해, 하나님의 말씀을 통해 창조되었으며, 그 때문에 모든 사물은, 아우구스티누스(Augustinus)의 말에 따르면, 비

---

25 Ferdinand Jakob* Schmidt, *Der Niedergang der Protestantismus: Eine religionsphilosophische Studie* (Berlin: Weidmannsche Buchhandlung, 1904), 4. (* 역자주. 바빙크는 "Jacob"로 표기하고 있다.)

26 또한 그가 쓴 다음의 책도 비교하라. Heinrich Rickert, *Der Gegenstand des Erkenntnis: Einführung in die Transzendental-philosophie*, 2nd ed. (Tübingen and Leipzig: J. C. B. Mohr (Paul Siebeck), 1904). 역자주. 본문에서 언급되는 작품은 다음과 같다. Heinrich Rickert, *Die Grenzen der naturwissenschaftlichen Begriffsbildung: Eine logische Einleitung in die historischen Wissenschaften* (Tübingen and Leipzig: J. C. B. Mohr (Paul Siebeck), 1902).

율들(rationes),[27] 크기, 숫자, 무게를 가지고서 존재하기 때문입니다. 성경은 모든 사물이 내용이 없는 '이성'으로부터, 무의식과 동일한 '초의식'(Ueberbewusste)으로부터, 무논리적(alogische) 의지 혹은 맹목적·자연적 힘으로부터 발생한다는 범신론적 의미로 이것을 이해하지 않습니다. 어떻게 세계 안에 존재하는 관념들이 그것들의 근원에 대한 해명을 다시 세계 안에서 찾을 수 있겠습니까? 물질주의(het materialisme)는 질료가 변화하여 사유(het denken)가 생겨났다고 파악할 수 없는 것처럼, 무신론도 그것이 아무리 [무의식적인 것을] 이성이나 의지라고 부른다고 할지라도 세계를 무의식적인 것으로부터 해명하는 것은 불가능합니다. [28] 만일 세계가 우리의 앎의 내용이 될 수 있다면, 그 전에 이미 누군가가 세계 자체를 명석판명하게 생각했어야 합니다. 오직 하나님 안에서만 모든 사물에 대한 예지(προγνωις)가 있으며, 모든 사물들은 전부 하나님의 생각들의 현현(φανερωσις)입니다. 보편자들(universalia)이 사물 안에(in re) 존재하는 이유는, 그것들이 사물 이전에(ante rem) 하나님의 의식(het Goddelijk bewustzijn) 안에 존재했기 때문입니다. 세계가 존재하지 않았더라면 그것이 우리에게 알려질 수 없었을 것입니다. 그러나 그 이전에 하나님을 통해 생각되지 않았더라면 세계

---

27 역자주. 혹은 이치들, 원리들.

는 존재하지 않았을 것입니다. 우리는 사물들이 존재하기 때문에 사물들을 알지만, 사물들은 하나님이 그것들을 아셨기 때문에 존재합니다.[28] 만물이 하나님의 말씀을 통해 창조되었다는 교리는 모든 지식과 앎에 대한 설명이고, 주체와 객체가 상응한다는 명제의 전제입니다. 감각 기관들이 사물들의 요소들과 일치하는 것처럼, 이 요소들을 사물들에, 물체들에, 하나의 자연과 세계에 연결시키는 생각(gedachte)에는 지성이 대응합니다. 보이는 것(το βλεπομενον)은 나타난 것으로부터(ἐκ φαινομενον) 말미암아 된 것이 아니기 때문에(히 11:3),[29] 하나님의 보이지 않는 것들(ἀορατα του θεου)은 그의 피조물들을 통해 생각되어(νοουμενα), 즉 지성(νους)을 통해 직관될 수 있었습니다(롬 1:20).[30] 사물 안의

---

28 Augustine of Hippo, *Confessions* XIII.38 in *Nicene and Post-Nicene Fathers, First Series* (hereafter cited as *NPNF¹*), vol. 1 (Peabody: Hendrickson Publishers, Inc., 1995), 207; Augustine of Hippo, *The City of God*, XI.10 in *NPNF¹* 2:211.

29 역자주. "믿음으로 모든 세계가 하나님의 말씀으로 지어진 줄을 우리가 아나니 보이는 것은 나타난 것으로 말미암아 된 것이 아니니라(히 11:3)." "Πίστει νοοῦμεν κατηρτίσθαι τοὺς αἰῶνας ῥήματι θεοῦ, εἰς τὸ μὴ ἐκ φαινομένων τὸ βλεπόμενον γεγονέναι(NA26)."

30 역자주. 바빙크는 롬 1:18로 표기하고 있다. "창세로부터 그의 보이지 아니하는 것들 곧 그의 영원하신 능력과 신성이 그가 만드신 만물에 분명히 보여 알려졌나니 그러므로 그들이 핑계하지 못할지니라(롬 1:20)." "τὰ γὰρ ἀόρατα αὐτοῦ ἀπὸ κτίσεως κόσμου τοῖς ποιήμασιν νοούμενα καθορᾶται, ἥ τε ἀΐδιος αὐτοῦ δύναμις καὶ θειότης, εἰς τὸ εἶναι αὐτοὺς ἀναπολογήτους(NA26)."

보편자들은 감각적 지각의 길을 따라 지성(νοῦς)의 사유하는 활동을 통해 우리의 의식 안으로 이행합니다. 세계는 그것 자체가 정신적(geestelijk)·논리적으로 존재하며 생각 안에 머물러 있기 때문에 우리의 정신적 소유물이 되고, 또한 그렇게 될 수 있습니다.

이제 이로써 우리는 진리가 하나님의 손의 모든 작품들 안에, 자연과 역사 안에, 창조와 재창조 안에 우리를 위해 객관적으로 전시되어 있다는 크고 풍성한 유익을 얻게 됩니다. [29] 믿음의 내용(fides, quae)이 믿음의 행위(fides, qua creditur)에 선행하는 것처럼, 알려질 수 있는 것이 우리의 학문에 선행합니다. 알려질 수 있는 것은 학문의 척도입니다(Scibilia sunt mensura scientiae).[31] 그리고 우리가 이 점을 더욱 깊이 고찰한다면, 모든 진리는 처음부터 하나님과 함께 계셨으며 스스로 하나님이신 지혜(de Wijsheid)와 말씀(het Woord) 안에 파악되었다는 사실이 드러납니다. 이 지혜를 부정하는 자는 모든 학문의 토대를 침식시킵니다. 왜냐하면 관념들을 부정하는 사람은 아들을 부정하기 때문입니다(qui negat ideas, negat Filium).[32] 이러한 기독교적 관점으

---

31 Otto Willmann, *Geschichte des Idealismus*, 3 vols. (Braunschweig: Friedrich Vieweg und Sohn, 1896), 2:403. 역자주. Cf. Thomas Aquinas, *Summa contra gentiles*, 1.61.7.

32 Otto Willmann, *Geschichte des Idealismus* (Braunschweig: Friedrich Vieweg und

제1장 사유와 존재

로부터 출발할 때, 마치 사람이 자기 자신의 이성과 자기 자신만의 수단들을 통해서 진리를 산출해낼 수 있으리라는 인간 정신에 대한 자율적 견해들은 모두 사라지게 됩니다. 사람은 세계를 창조하는 자도, 형성하는 자도 아닙니다. 그의 지성은 자연을 위하여 그것의 법칙을 규정하지 않습니다. 그는 그의 학문적 탐구를 통해 자기의 범주들에 따라 사물들을 배열할 필요가 없습니다. 오히려 반대로 사람은 자기의 지각과 사유를 자연과 은혜 안에서 드러난 하나님의 계시에 일치시켜야 합니다. "현실이 우리의 이성에 일치되어야 하는 것이 아니라 [반대로] 모든 시대들의 경험을 통틀어서 비추어 볼 때, 하나님께서 현실 속에 짜기워 놓으신 형이상학을 우리의 사유가 밝혀내기를 추구해야 합니다."[33] 진리의 왕국에 들어가기 위해서 우리는 아이들이 되어야만 합니다. 자연에 순종할 때에 자유가 있습니다. 자유는 진리로부터 나옵니다(*Naturae parere, libertas libertas ex veritate*).[34]

Sohn, 1897), 3:802. 역자주. Cf. Thomas Aquinas, *Quaestiones disputate de veritate*, q. 3, art. 1, sed contra. 아퀴나스는 이 표현이 아우구스티누스의 『하나님의 도성』에서 왔다고 하나, 구체적인 장과 절을 제시하지 않는다.

33 Gustav Portig, *Das Weltgesetz des kleinsten Kraftaufwandes in den Reichen der Natur*, vol. 1 (Stuttgart: Max Kielmann, 1903), 25. E. Dennert, "Das Weltgesetz des kleinsten Kraftaufwandes," *Der Beweis des Glaubens* 40 (1904), 260에서 재인용.

34 역자주. Herman Bavinck, 『계시 철학: 개정·확장·해제본』, 177 (*Philosophy*

기독교 세계관

모든 인식은 객관적 세계를 향한 우리 의식의 일치 안에 존재합니다. 그러므로 모든 사람은 그 자신이 진리에 부합하는 만큼 진리를 인식합니다. [30] 왜냐하면 진리를 이해하기 위해 사람은 진리로부터 나온 존재여야 하기 때문입니다.[35]

---

of Revelation(1909), 78)에서 이와 유사한 "Deo parere libertas; Libertas ex veritate."라는 표현이 사용된다(하나님께 순종하는 것이 자유이며 이 자유는 진리로부터 나온다). 이것은 세네카(Seneca)의 『복된 삶』(*De vita beata*) 15.7에서의 "Deo parere libertas est."과 요 8:32의 "진리를 알지니 진리가 너희를 자유롭게 하리라"를 결합한 인용이다. Henk van den Belt, "An Alternative Approach to Apologetics," in *The Kuyper Center Review, Volume Two: Revelation and Common Grace* (Grand Rapids: Wm. B. Eerdmans Publishing Co., 2011), 48 참조.

35 Willmann, *Geschichte des Idealismus*, 2:993.*
*역자주. 해당 책에는 993쪽이 존재하지 않는다.

3 ──────── 사유와 존재, 그리고 철학

그러나 또한 인간의 정신은 감각적 지각과 학문, 표상들과 개념들에 멈춰 서지 않습니다. 그는 이것들에 만족하지 못하고, 이 두 가지를 넘어서 모든 것을 포괄하는 지혜를 추구합니다.[36] 학문과 지혜는 의심의 여지없이 긴밀하게 연관되어 있으나, 그럼에도 그것들은 동일하지는 않습니다. 학문이 **근접한** 원인을 통한 사물들의 인식(*in cognitio rei per causam proximam*)에 존재했다면, 지혜는 이와 대비적으로 **제일** 원인을 통한 사물들의 인식(*cognitio rei per causam primam*)에까지 확장된다는 아리스토텔레스(Aristoteles)의 구분은 일찍부터 통상적으로 인정되어 왔으

---

36 '지혜자들'(*sophoi*)이라는 이름은 먼저 그리스인들이 사용했으나, 키케로(Cicero)의 이야기에 따르면 피타고라스(Pythagoras)를 통해 '철학자들'(*philosophoi*)로 바뀌었다. 왜냐하면 진리는 오직 하나님께만 속하고, 인간은 오직 지혜를 열망하고 추구할 수 있을 뿐이기 때문이다.

역자주. 위에서 언급되는 '두 가지'는 1) 감각적 지각 또는 표상들의 차원, 그리고 2) 개념들 또는 학문의 차원을 가리키는 듯하다.

기독교 세계관

며 오늘까지도 유효합니다. 물론 지난 세기에서는 헤겔과 그의 학파의 선험적인 사변에 대한 거부 반응 때문에, 사람들이 지혜를 지식의 유산으로부터 추방했고 모든 형이상학의 존재 권리를 부정했습니다. 학문은 실증주의적으로 그의 연구를 현상들과 그것들의 상호 관계 그리고 사물들의 연관(nexus rerum)에만 한정해야 했습니다. 그리고 학문이 스스로 세계와 삶의 모든 수수께끼들을 풀 수 있을 것이라는 망상 속에 갇혀 살면서 다른 이들에게도 그러한 환상을 심어줄 때, 그것은 순진한 결백을 주장하는 가운데 모든 철학을 불필요한 것으로 치부해버렸습니다. 그러나 신비에 대한 탐구가 전방위적으로 계속해서 증가했을 때, 지혜도 다시 스스로의 권리를 유효한 것으로 인정하고, 또 인간 지식의 영역에서도 자기의 자리를 요청해야만 했습니다. [31] 그리하여 형이상학, 철학, 세계관과 인생관(wereld- en levensbeschouwing)은 지혜의 영광스러운 귀환을 단지 신학과 정신 과학들(geesteswetenschappen)에서 뿐만 아니라,[37] 자연 과학(de wetenschap der natuur)에서도[38] 현재 기념하고 있습니다. 인간의 정신은 지식을 추구함에 있어서, 심지어 칸트와 콩트(Comte)의 사상들에도 불구하고, 어떠한 한계를 두는 것도 허용하지 않습니다. 학문이 진리에 대한 그의 갈증을 해소하지 못한다면, 그는 그 염원을 가지고서 스스로 진리의 근원에 도달하려 노력할 것입니다. 왜냐하면 그는 단지 지각 능력

(waarnemingsvermogen)과 지성(verstand)을 가졌을 뿐만 아니라, '무조건자'(het Unbedingte) 안에서만 안식과 만족을 찾을 수 있는 이성(rede)도 가지고 있기 때문입니다.[39]

---

37 Georg Wobbermin, *Theologie und Metaphysik: Das Verhältnis der Theologie zur modernen Erkenntnistheorie und Psychologie* (Berlin: Alexander Duncker, 1901); Johannes Wendland, "Philosophie und Religion in ihrem gegenseitigen Verhältnis an der Band der neueren Theorieen kritisch erörtert," *Theologische Studien und Kritiken* 76 (1903): 517-585; E. Pfennigsdorf, "Theolgie und Metaphysik," *Theologische Rundschau* 7 (1904): 399-413; Hermanus IJsbrand Groenewegen, *De theologie en hare wijsbegeerte* (Amsterdam: Rogge, 1904).

38 Wilhelm Ostwald, *Vorlesungen über Naturphilosophie* (Leipzig: Veit & Comp., 1902); Wilhelm Ostwald, *Grundriss der Naturphilosophie* (Leipzig: Philipp Reclam, [1908]); Johannes Reinke, *Die Welt als That: Umrisse einer Weltansicht auf naturwissenschaftlicher Grundlage*, 3rd ed. (Berlin: Gebrüder Paetel, 1903); Hans Driesch, *Naturbegriffe und Natururteile: Analytische Untersuchungen zur reinen und empirischen Naturwissenschaft* (Leipzig: Wilhelm Engelmann, 1904); Alfred Dippe, *Naturphilosophie: Kritische Einführung in die modernen Lehren über Kosmos und Menschheit* (München: Beck, 1907).

39 역자주. 여기에서 언급되는 '무조건자'(das Unbedingte)는 칸트가 사용한 철학 개념이다. 『순수 이성 비판』의 「초월론적 분석론」에서 그는 지성(Verstand)의 개념들(Begriffe) 혹은 범주들(Kategorien)을 통해서는 인식에 있어서 무조건적인 것에 도달할 수 없으며, 어떤 것의 원인을 찾고자 하는 능력인 이성(Vernunft)은 지성의 모든 행동들(Verstandeshandlungen)을 하나의 절대적인 전체(ein absolutes Ganzes) 안에 포괄하기를 추구한다고 한다. (B 383) 이때 도달하는 이성의 개념들(die Vernunftbegriffe)을 그는 초월적 이념들(die transzendentalen Ideen)이라 부르며, 이것들은 '사유하는 주체의 절대적인 (무조건적인) 통일성,'(영혼) '현상의 조건들의 계열의 무조건적 통일성,'(세계) '사유 일반의 모든 대상들의 조건들의 절대적

그러나 지혜와 학문의 차이가 이를 통해[, 즉 위와 같이 칸트의 방식대로] 완전히 구분되지는 않습니다. 선험적 사변은 참된 지혜에 소용되지 않습니다. 참된 지혜의 관건은 공허한 이론들이 아닌 현실에 대한 지식입니다. 감각적 지각이 모든 학문의 토대인 것처럼 학문의 결과들은 철학의 출발점이며, 그것들은 출발점으로 남아 있어야 합니다. 그럼에도 불구하고 철학이 단지 상이한 학문들의 결과들의 모음에 불과하고, 단지 시계의 톱니바퀴들처럼 다른 학문들을 서로 모아두기만 하면 된다는 견해도 올바르지 않습니다.[40] [32] 지혜는 학문의 토대 위에 서 있으나, 단지 그 위에 서 있는 것에 머무르면 안 됩니다. 지혜는 학문으로부터 나와 그것을 넘어가기를 애쓰며, 제일 원리들(*prima principia*)에 이르기를 추구합니다. 지혜는 어떤 특정한

인 통일성'(신)과 관련된다고 한다. (B 391) 그러나 이러한 초월적 이념들에 대응하는 직관은 존재하지 않는다. (B 554) 무조건자의 이념은 단지 이성 사용의 규범적 원리(regulatives Prinzip)로 사용될 수 있을 뿐이다. (B 707) 즉, 칸트에 의하면 이성은 사태의 궁극적 원인을 찾고자 하며, 지식에 어떤 통일적 체계가 있다는 것을 이성의 규범으로서 상정하여 이성의 활동에 정당성을 부여한다. 자아, 세계, 신 등의 이념들은 지식의 통일적 체계의 추구를 위해 상정되는 개념들이기는 하지만, 그것들에 대한 어떤 직관적 경험도 우리는 발견할 수 없다. (참조: https://de.wikipedia.org/wiki/Das_Absolute 2019년 11월 1일 오후 7:30 접근.)

40 Tilmann Pesch, *Die großen Welträtsel. Philosophie der Natur: Allen denkenden Naturfreunden dargeboten*, 2nd ed., 2 vols. (Freiburg im Breisgau: Herdersche Verlagshandlung, 1892), 1:69.

종류의 현상들, 곧 종교, 도덕, 법, 역사, 언어, 문화 등을 그의 사유하는 고찰의 대상으로 만들 때, 그리고 그러한 대상들 안에서 그것들의 주도적 이념들을 찾아내려고 노력할 때, 이미 제일원리들을 추구하고 있습니다. 특히 만물의 궁극적 토대를 찾을 때, 그리고 그것 위에 세계관을 구축하려 할 때에 더욱 그러합니다.

만일 이제 이것이 철학의 본성과 과업이라고 한다면, 철학은 감각적 지각과 학문보다 더욱 강한 방식으로, 세계가 [하나님의] 생각에 기반하며 관념들이 모든 사물들을 지배한다는 것을 전제로 합니다. 그렇다면 지혜는 보이지 않으며 영원한 것들의 왕국에 대한 믿음 안에서만, 그 믿음으로부터 출발해야만 존재합니다. 지혜는 과연 '관념의 학문'(Wissenschaft der Idee)이라는 점에서, 그리고 전체의 이념을 부분들에서, 일반적인 것의 이념을 특수한 것에서 찾는다는 점에서, 관념들의 실재성 위에 세워집니다.[41] 이러한 생각은 세계가 지혜를 통해 정초(定礎)되었고, 세계의 전체와 부분들 모두에서 지혜가 계시된다는 기독교 신앙으로부터 암묵적으로 출발합니다(시 104:24, 잠 3:19, 고전 1:21).[42] 세계를 유기적인 하나의 전체로 통합시키는 지혜와 우

---

41 Trendelenburg, *Logische Untersuchungen*, 1:5-6, 2:461.

42 역자주. "여호와여 주께서 하신 일이 어찌 그리 많은지요 주께서 지혜로 그들을

기독교 세계관

리 안에 '통일된' 세계관에 대한 열망을 심는 지혜는 동일한 하나님의 지혜입니다. 만약에 이것이 가능하다면, 그것은 세계가 하나의 유기체라는 점과, 그리하여 유기체로서 사전에 고안되었다(gedacht)는 점으로부터만 해명될 수 있습니다. 지식에 관한 이러한 높은 관점을 토대로 주체와 객체가 조화될 때에만, 그리고 우리 안의 이성이 모든 존재와 앎의 원리들에 부응할 때에만 철학과 세계관은 존재의 권리와 근거를 갖게 됩니다. [33] 그리고 철학이 위와 같이 그의 본질에 따라 요구하는 사항들은 하나님의 말씀 안에 있는 그분의 증언을 통해 우리에게 보증되고 명료해집니다. 동일한 하나님의 지혜가 사물들에게는 현존을, 우리의 생각에는 객관적 타당성을 부여하고, 사물들에게는 인식 가능성을, 우리의 지성에는 사유할 수 있는 힘을 부여하며, 사물들은 **실제적이게**, 우리의 관념들(denkbeelden)은 **참되게** 합니다. 사물들 안의 이해 가능한 것(het intelligibele in de dingen)은 우리 지성의 내용(de inhoud van ons intellect)입니다. 존재와 앎, 이 두

다 지으셨으니 주께서 지으신 것들이 땅에 가득하니이다(시 104:24)."

"여호와께서는 지혜로 땅에 터를 놓으셨으며 명철로 하늘을 견고히 세우셨고(잠 3:19)."

"하나님의 지혜에 있어서는 이 세상이 자기 지혜로 하나님을 알지 못하므로 하나님께서 전도의 미련한 것으로 믿는 자들을 구원하시기를 기뻐하셨도다(고전 1:21)."

제1장 사유와 존재

가지는 모두 말씀 안에 그것들의 근거(*ratio*)를 가지며, 이 말씀을 통해서 하나님은 모든 만물을 창조하셨습니다.[43]

기독교적 지혜를 통해 우리가 가지게 되는 이러한 높고 영광스러운 관점으로부터 결국 종교와 철학의 관계에 대한 놀라운 이해가 가능해집니다. 모든 위대한 사상가들은 종교와 철학의 밀접한 관계를 느끼고 인식했습니다. 그러나 헤겔은 그의 사변적 방법론을 통하여, 종교는 원시적인 철학이며 알레고리에 감추어진 민중을 위한 직관적 형이상학이고, 철학은 개념들을 통해 치환된 사상가들의 종교라는 견해에 도달했습니다. 그러나 이로써 그는 철학과 종교, 특히 종교의 본질을 공평히 다루지 못했습니다. 왜냐하면 비록 철학이 세계를 온전히 해명하고 완전히 순수한 신(神) 개념을 제공할 수 있다고 할지라도, 사람은 그것에 만족하지 못할 것이기 때문입니다. 사람의 마음의 열망은 순수한 신 개념이 아닌, 살아 계신 하나님 자신을 향하고 있습니다. 하나님이 그의 하나님과 그의 아버지가 되시기 전까지 사람은 어떠한 안식도 찾을 수 없습니다. [34] 철학이 이것을 그의 고귀한 과업과 사명으로 가진다고 할지라도, 우리는 철학을 통해서 하나님 자신을 발견하지는 않습니다. 우리는 오직 종교의 길을 통해서 그에게 가까이 가며 그분과의 교제 안으로 들

---

43 Willmann, *Geschichte des Idealismus*, 1:279, 433, 541ff.

기독교 세계관

어갑니다. 가장 심오한 사상가라고 할지라도 개념을 통해서가
아니라[44] 오직 믿음으로부터만 의롭다 하심을 입습니다. 예수께
서 말씀하시기를, 지혜롭고 슬기 있는 자들이 아니라 어린아이
들, 곧, 철학자들 가운데서도 어린아이들을 복되게 하심을 하나
님께 감사하노라고 하셨습니다. 차라리 종교와 철학은 인간 본
성의 두 가지 완전히 다른 필요들과 기능들로부터 파생된다고
하여, 인간의 삶 속에서 이 두 가지를 위한 자리를 확보한 슐라
이어마허(Schleiermacher)의 견해가 더 나았습니다. 그러나 이러
한 이원론도 만족스럽지 못합니다. 왜냐하면 철학은 유한한 것
에 스스로를 제한시키지 않고 모든 사물의 궁극적인 근원으로
서의 신 개념에 맞닿게 되며, 종교는 사람을 우선 하나님과의
교제 안으로 데려오되 그 교제를 통해서 사람과 만물의 관계를
규정하며, 또 종교는 단지 특수한 기분들 안에서만 나타나는 것
이 아니라 아주 구체적인 표상들을 포함하고 언제나 완전한 세
계관을 잠재적으로 가지고 있기 때문입니다.[45]

<hr />

44 G. A. van den Bergh van Eysinga, *Allegorische interpretatie* (Amsterdam: P. N.
van Kampen & Zoon, 1904), 28에서 말하는 바와 같이.

45 철학과 세계관의 차이점에 대해서는 다음을 비교하라. Hans Richert,
Philosophie, ihr Wesen, ihre Probleme, ihre Literatur (Leipzig: B. G. Teubner,
1912), 18. 세계상(wereldbeeld)과 세계관(wereldbeschouwing)의 차이점에 대해서
는 다음을 참조하라. Carl Wenzig, *Die Weltanschauungen der Gegenwart
in Gegensatz und Ausgleich: Einführung in die Grundprobleme und*

하나의 세계관은 그 특성상 '통일적'(einheitlich)입니다. 창조의 모든 범위들과 영역들을 전체에 속한 부분으로 파악하지 않는다면, 우리의 세계관은 온전하고 완전하지 않습니다. 물론 여기서의 주된 질문은, 우리가 그것을 이미 완전하게 발전시켰다든지 차후에 발전시킬 것인지가 아니라, 이미 파악된 세계관이 과연 조화로운 통일성을 가지고 있는가에 관한 것입니다. [35] 그렇지만 그때에도, 종교와 철학에서, 민중과 식자층에서, 학교와 삶에서 각기 다른 세계관이 존재한다는 것은 불가능합니다. 만일 종교가 잠재적으로 어떤 세계관을 내포하고 있으며 철학이 만물의 궁극적 토대를 추구할 때 항상 하나님을 찾는다면, 이 점들로부터 종교와 철학은 모든 차이점들에도 불구하고 내적으로 사태의 본질에 있어서는 일치하며 서로 갈등 관계에 있을 수 없다는 점이 도출됩니다.

이런 요구는 오직 기독교 세계관만이 만족시킵니다. 왜냐하면 기독교 세계관은 우리로 하여금 하나의 신, 곧 살아 계시고 참되신 하나님만을 인정하게 하며 다신론을 뿌리에서부터 차단하기 때문입니다. 어린아이와 백발노인, 교육을 받지 못한 사람과 받은 사람, 마음과 머리를 위한 각기 다른 신은 존재하지 않습니다. 오늘날 영지주의를 모방하여 대중 교리와 비전(秘傳)

Grundbegriffe der Philosophie (Leipzig: Quelle & Meyer, 1907), 1ff.

교리, 표상과 개념, 사실과 관념을 분리하는 것은 원칙적으로 용납하기 어렵습니다. 왜냐하면 실천적·교육학적 관점에서 각종 오류들과 올바르지 않은 행동들을 야기시킨다는 점을 차치하고서라도, [그러한 이원론은] 존재가 관념으로 가득한 실재라는 점뿐만 아니라, 의식이 실재적 세계에 연결되어 있다는 사실도 인정하지 않기 때문입니다. 진리는 개념 **안에서** 그리고 개념을 **마주해서**만(in en voor het begrip) 발견될 수 있으며, 개념을 넘어서는 모든 것은 단지 그림이고 비유일 뿐이라는 견해는 옳지 않습니다.[46] 왜냐하면 우리는 맹목적 사실들과 공허한 관념들만으로는 만족할 수 없기 때문입니다. 그러나 기독교에서는 양자가 매우 긴밀하게 통합되어 있습니다. 창조와 재창조는 시간 속에서의 하나님의 행동들이지만, 동시에 그의 영원한 작정(raad)이 구체화되는 것이기도 합니다. [36] 그러므로 그것의 본래 이념에 충실하게 남아 있으며, 헛된 사변으로 빠지지 않는 철학은, 기독교가 우리에게 지혜와 은혜의 하나님으로서 계시하는 바, 그 동일한 하나님에게로 우리를 이끕니다. 그리고 기독교는 편견이 없는 연구를 통해, 모든 학문과 철학의 토대가 되는 것으로 보이는 유신론을 그의 계시를 통해서 알려지게 합니다. 경건한 자와 철학자가 필요로 하는 하나님과, 이 둘 모두

---

46 Van den Bergh van Eysinga, *Allegorische interpretatie*, 28ff.

제1장 사유와 존재

에게 자신의 피조물을 통해서 자기를 알리시는 하나님은 동일한 하나님입니다. 모든 만물을 만드신 말씀과 때가 찼을 때 육신이 되신 말씀은 동일한 말씀입니다. 지구의 표면을 새롭게 하는 성령과 죄인의 마음을 변화시키는 성령은 동일한 성령입니다. 그러므로 참된 철학자는 하나님을 사랑하는 자이며(*verus philosophus amator Dei*), 그리스도인이야말로 참된 철학자입니다(*Christianus verus philosophus*).[47]

---

47 Cf. 락탄티우스(Lactantius)는 그의 『신학강요』(*Divinae Institutiones*) 제4권에서 참된 철학과 종교에 대해(*de vera sapientia et religione*) 다루며, 거기에서 양자의 불가분리한 관계를 논한다.

기독교 세계관

존재와 생성

제2장

1 ──── 존재와 생성,
둘 중 하나를 희생시키는 세계관들

[37] 세계관에 있어서 두 번째로 문제가 되는 것은 존재와 생성, 하나와 여럿, 하나님과 세계의 문제입니다. 여기에서도 기독교는 근본적인 중요성을 지닙니다.

세계는 우리가 얼핏 보기에 마치 바다의 파도처럼 끊임없이 나타나고 사라지는 수많은 무질서한 현상들 혹은 무한히 많은 사물들로 이루어진 것 같습니다. 그러나 만일 우리가 하나 됨을 향한 갈망을 가지고 있다면, 그리고 현상들을 더 깊이 통찰한다면, 우리는 다수 안에서 어떤 일치와 합목적성을 발견하게 되며, 세계는 자립적인 요소들이 우연히 하나로 뭉쳐진 결과물일 수 없다는 확신을 가지게 됩니다. 이에 대해 철학에서는 예로부터 두 가지 대립된 관점들이 있었습니다. 첫째 관점에 따르면, 생성은 없고 오로지 존재만 있습니다. 변화와 운동은 가상이며, 시간과 공간은 그저 사유의 주관적 양상(subjectieve *modi cogitandi*)에 불과합니다. 생성이라는 개념은 심지어 그 안에 일종의 자가당착을 포함합니다. 왜냐하면 어떤 사물은 자기 자신

기독교 세계관

으로 남아 있어야 하는 동시에 다른 어떤 것으로 변화해야 하기 때문입니다. 둘째 관점에 따르면, 존재는 '사유[를 통해 만들어진] 것'(Gedankending) 외에 다른 것이 아닙니다. [38] 오직 생성만이 실재성을 가지며, 가변성(onbestendigheid) 그 자체 외에는 모든 것이 가변적입니다. 모든 것은 흐르며[48] 상대적이고, 오직 상대적인 것만이 절대적입니다. 비록 생성이 일종의 대립(tegenstrijdigheid)이기는 하지만, 이것은 존재와 무의 일치로서, 필연적으로 일어나며 절대자 그 자체에게 고유하게 속한 것입니다.[49] 자신을 부정하고, 끊임없이 자신과 대립하여 완전한 발전에 이르는 것은 생성하는 절대자의 본질에 해당합니다.

다른 사상가들은 이러한 두 가지 일방적인 견해들 사이에

---

48 역자주. "모든 것은 흐른다(πάντα ρεῖ)."는 그리스 철학자 헤라클레이토스 (Heraclitus of Ephesus, BC c.535~c.475)의 주요 명제 중 하나이다. 플라톤(Platon)의 『크라튈로스』(*Cratylus*) 402a에서 발견되는 헤라클레이토스의 인용문에서 그는 "모든 것은 변하며 아무것도 머물러 있지 않다…그대는 동일한 강물에 두 번 발을 담글 수 없다"고 말했다. (참조: https://en.wikipedia.org/wiki/Heraclitus 2019년 4월 15일 오후 12:00 접근.)

49 역자주. 헤라클레이토스는 또한 "투쟁이 곧 정의(δίκη ἔρις)"라고 주장한다. DK22b80에서 그는 "전쟁이 모든 사물에 보편적으로 내재해 있으며, 투쟁이 곧 정의이고, 모든 것은 투쟁을 통해서 필연적으로 발생한다"고 말한다. 헤겔 (Hegel)은 헤라클레이토스가 말한 바 존재와 무가 투쟁을 통해 일치에 이르는 이 과정이 절대자가 변증법적으로 전개되는 것이라고 말한다. Georg Wilhelm Friedrich Hegel, *Lectures on the History of Philosophy*, 3 vols. (London: Kegan Paul, Trench, Trübner & Co., Ltd., 1892), 1:170.

서 '중재'(Vermittlung)를 추구했습니다. 원자론은 세계를 변화하지 않고 물질적이며 목적이 없는 원자들의 기제로 설명하려고 시도합니다. 정밀과학적 연구가 아닌 철학적 고찰의 열매로서 원자론은 이미 예로부터 등장했으며, 특히 그것은 지난 세기 중반[50] 이래로 세계 문제의 해결책으로 선전되어 왔습니다. 사변적인 철학에 대한 반응, 자연 과학의 발달, 물질적 복지 등의 다양한 원인들이 원자론으로 하여금 매우 긴 시간 동안 시대정신을 지배하게 해주었습니다. 그렇지 않고서는 분별력 있는(verstandige) 사람들이 그러한 세계관을 받아들였다는 사실이 잘 납득되지 않습니다. 그렇지만 이 관점도, 수천 개의 글자를 우연히 던진다고 해서 그것이 『일리아스』(Iliad)[51]를 만들어 내지는 않는다고 하는 결정적인 어려움이 있습니다.

최근 몇 년간에도 다소 변화가 나타나기 시작했습니다. 우선 몇몇 사람들은 삶과 의식, 자유와 합목적성은 신진대사로부터 기계적으로 해명될 수 없다고 소극적이나마 표명했습니다. 이렇게 표명하기까지는 용기가 필요했습니다. 왜냐하면 이것을 시도했다가는 학계에서 자기의 명성을 잃어버릴 수도 있었기

---

50 역자주. 1800년대 중반.

51 역자주. 고대 그리스 작가 호메로스(Homeros)의 대표작 중 하나로, 트로이 전쟁을 서술한다. (참조: https://en.wikipedia.org/wiki/Iliad 2019년 4월 15일 오후 12:00 접근.)

때문입니다. 헤켈에 의하면, 뒤보아-레몽(Dubois-Reymond)의 '7대 세계 불가사의'(Sieben Welträthsel)[에 관한 강연]은 그가 노년에 접어들기 시작했으며 그의 사고 능력이 약화되었다는 증거라고 합니다.[52] 킬(Kiel) [대학]의 교수 라인케(Reinke)가 1904년 제네바에서 열린 철학 학술대회에서 "신활력론(neo-vitalisme)과 생물학에 있어서 목적성 이론의 중요성"이라는 주제로 발표를 했을 때 받았던 냉담한 반응은 사람들로 하여금 철학자들도 선입견이 있을 수 있는지 되묻게 했습니다.[53] [39] 그러나 점점 현상들을 기계론적으로 해명하는 것은 전적으로 실패했다고 보는 사람들의 수가 증가하고 있습니다. 마치 오스카 헬트비히(Oscar Hertwig)도 그와 같은 부류에 속해 있는 듯 다음과 같이 증언합니다. "세계가 서로 충돌하는 원자들의 기제라고 하는

---

52 Ernst Haeckel, *Die Welträthsel: Gemeinverstandliche Studien über Monistische Philosophie* (Bonn: Emil Strauß, 1899), 118.
역자주. 뒤보아-레몽은 1880년에 베를린 학술원에서 과학과 철학이 해결할 수 없는 세계의 7가지 수수께끼들에 관하여 발표했다. 그것들은 다음과 같다. 1. 물질과 힘의 궁극적인 본성, 2. 운동의 근원, 3. 생명의 근원, 4. 합목적적인 것으로 보이는 자연의 배열, 5. 단순 감각들의 근원, 6. 지성적 사유와 언어의 근원, 7. 자유의지의 문제. (참조: https://en.wikipedia.org/wiki/Emil_du_Bois-Reymond#The_Seven_World_Riddles 2019년 1월 8일 오후 5:00 접근)

53 "IIe Internat. Congres voor Philosophie," *Algemeen Handelsblad* (Amsterdam: P. den Hengst en Zoon), Sept. 16, 1904, Avondblad, p. 6. 역자주. 위의 신문 기사에 의하면 라인케가 발표했을 때 당시 학회발표들 중 유일하게 공석이 많으며 발표 도중 이동이 많았다고 한다.

설명은 허구에 기반할 뿐으로, 여러 가지 관계들을 묘사하는 데 유용할는지 몰라도, 현실 자체에 상응하지는 않습니다.[54]

우선 생물학 진영에서 기계론적 해명에 대한 반대가 일어났습니다. 생명의 문제는 여전히 남아 있었고, 기계론적 일원론에 의해 해명되지 못했습니다. 연구가 심화될수록 신비가 더 많아지는 것처럼 보입니다. 헤켈은 자신의 이전 관점을 유지하면서 신활력론을 '무서운 지적인 전염병'이라고 부르기를 원했으나, 그는 이 새로운 사조가 빨리 지나가기를 바라는 것 외에 스스로를 안심시킬 방법이 없었습니다.[55] 그는 많은 사람들, 심지어 자기 제자들 가운서도 몇몇이 생물학에 관한 한 그들이 이전에 경멸했던 생명의 힘(levenskracht)으로 되돌아가는 것을 바라볼 수밖에 없었습니다. [40] 파스퇴르(Pasteur)는 모든 생명체가 생명체로부터 비롯된다(omne vivum ex vivo)는 법칙이 미생물에게도 유효하다는 것을 보여줬습니다. 묄(Möhl)과[56] 내글리(Nägeli), 레

---

54 Oscar Hertwig, *Die Entwicklung der Biologie im 19. Jahrbundert* (Jena: Gustav Fischer, 1900), 30. 역자주. Oscar Hertwig은 독일의 동물학자로, 헤켈의 사변적 철학과는 거리를 두되, 그의 몇몇 통찰들은 자신의 동물학에 접목시켰다고 한다. (참조: https://en.wikipedia.org/wiki/Oscar_Hertwig 2019년 1월 9일 오전 11:00 접근.)

55 Haeckel, *Die Welträthsel*, 444ff.

56 역자주. 독일의 식물학자 Hugo von Mohl(1805-1872)를 말하는 듯하다. 그는 세포에게 있어서 원형질(protoplasm)이라는 개념을 처음으로 사용했다.

기독교 세계관

막(Remak), 쾰리커(Kölliker)와 피어코(Virchow)의 연구들은 세포들의 배가가 오직 증식(增殖)을 통해서만 일어나며, 그리하여 모든 세포는 세포로부터 나온다(*omnis cellula e cellula*)는 법칙에 따라 일어난다는 점을 밝혀냈습니다. 헬트비히가 말한 바와 같이, 모든 학문적 진보에도 불구하고 무생물적 자연과 살아 있는 자연의 간극은 여전히 남아 있으며, 그 간극이 메워지기는커녕, 오히려 계속해서 넓어지고 깊어졌습니다. 생명에 대한 기계론적 이론은 거짓으로 보입니다. 세계에는 화학적·물리적 힘 외에 다른 종류의 힘이 작용했었습니다.[57]

(참조: https://en.wikipedia.org/wiki/Hugo_von_Mohl 2019년 4월 18일 오전 1:00 접근.)

57 Hertwig, *Die Entwicklung der Biologie im 19. Jahrhundert*, 24. 다음 또한 참조하라. Reinke, *Die Welt als That*, 155ff.; Hans Driesch, *Naturbegriffe un Natururteile: Analysische Untersuchungen zur reinen und empirischen Naturwissenschaft* (Leipzig: Wilhelm Engelmann, 1904), 97-127; Eduard von Hartmann, "Mechanismus und Vitalismus in der modernen Biologie," *Archiv für systematische Philosophie* 9 (1903): 139-17[8], 331-37[7]; Rudolf Otto, "Darwinismus von heute und Theologie III," *Theologische Rundschau* 6 (1903): 229-236; Rudolf Otto, "Darwinismus von heute und Theologie IV & V," *Theologische Rundschau* 7 (1904): 1-15, 41-62, 특히 54쪽을 보라. (역자주. 바빙크는 540쪽으로 표기하나, 이는 오자로 보인다.); Rudolf Otto, "Die mechanistische Lebenstheorie und die Theologie," *Zeitschrift für Theologie und Kirche* 13 (1903): 179-213; Rudolf Otto, "Die Ueberwindung der mechanistischen Lehre vom Leben in der heutigen Naturwissenschaft," *Zeitschrift für Theologie und Kirche* 14 (1904): 234-272; Rudolf Pieter Mees, *De mechanische verklaring der*

제2장 존재와 생성

생물학에서의 이러한 반응은 많은 사람들로 하여금 유물론적·기계론적 세계관 대신에 동력학적(dynamische) 세계관 또는 에너지(energetische) 세계관을 채택하게 했습니다. 자연 과학은 항상 네 가지 근본 개념들, 곧 공간, 시간, 실체와 힘과 관련됩니다.[58] [41] 앞의 두 가지 개념들[, 즉 공간과 시간]에 관한 한, 우리가 사물들의 '서로 곁에 있음'과, '서로 뒤따라 있음'이라는 이러한 [공간과 시간의] 형식들을, 실재론적인 의미에서 받아들이든 관념론적인 의미에서 받아들이든, 느낌상 차이는 없습니다. 그러나 나머지 두 개념들, 곧 실체와 힘(양과 인과, 질료와 힘)은 그렇지 않습니다. 유물론은 질료를 하나의 영원한 실체로 여기고 힘은 그것의 속성으로 여기는 반면, 역본설(力本說, dynamisme)은 힘을 근원적인 것으로, 그리고 물질을 파생된 것으로 봅니다. 이 이론에 따르면 사물의 근본 요소들은 비질료

<hr />

levensverschijnselen ('s-Gravenhage: Martinus Nijhoff, 1899); L. Bouman, "Over theoretische biologie," *Orgaan van de Christelijke Vereeniging van Natuur- en Geneeskundigen in Nederland* 3 (1904): 43-67; Gérard van Rijnberk, *Over het begrip "leven"* (Haarlem: De Erven F. Bohn, 1913); J. E. Enklaar, "Levende en levenlooze stof," *Onze Eeuw* 10/4 (1910): 379-414; L. J. Godefroy, "De 'levenskracht' in de hedendaagsche wetenschap," *Theologisch Tijdschrift* 46 (1912): 411-420.

58 Eduard von Hartmann, *Die Weltanschauung der modernen Physik* (Leipzig: Herman Haacke, 1902), 186; Driesch, *Naturbegriffe un Natururteile*, 38.

기독교 세계관

적이며 점적인, 즉 공간의 특정 점들에서 발견되며, 특정한 힘을 지니고 있는 힘의 중심점들(krachtcentra), 혹은 뒤나미드들(dynamiden)입니다. 그러나 물질 현상이 해명될 수 있게 하기 위해서, 이 뒤나미드들에게는 '물질화하는'(materiiende) 힘이 부여되며, 이 힘을 통해 공간이 물질로 채워지는 현상이 일어납니다.[59]

비록 이 동력학적 세계관이 유물론의 불충분성을 드러냈다는 점에서는 긍정적으로 평가될 수 있지만, 그 자신도 작지 않은 중대한 어려움에 직면해 있습니다. 우선 당장 이러한 사물의 근본 요소들이 무엇인지에 대한 더 분명한 표상이나 더 선명한 개념(gedachte)을 만들어내는 것이 불가능해 보입니다. 만약에 과연 그것들이 정의 그대로의 것이라면, 그것들은 수학적 점이나, 정신 혹은 영혼의 방식으로 존재하는 것, 즉 한정적 실존(existentia definitiva)을 가진 단순한 존재(entia simplicia) 외에 다른 것일 수 없습니다. [42] 그러나 역본설의 근본 요소들은 그러한 단순한 존재일 수 없고, 그러해서도 안 됩니다. 왜냐하면 [존재하는 것으로서의] 단순한 존재는 오직 힘의 중심점들 혹은 뒤나미드 안에서만 존재하기 때문입니다. 그런데 어떻게 힘

---

59 Von Hartmann, *Die Weltanschauung der modernen Physik*, 183ff.; Otto Liebmann, *Gedanken und Thatsachen: Philosophische Abhandlungen, Aphorismen und Studien*, vol. 2-1 (Straßburg: Karl J. Trübner, 1901), 128-132.

의 중심점 혹은 뒤나미드에게 실재적이고 객관적 존재를 부여할 수 있겠습니까? 만일 이와 반대로 사람들이 뒤나미드들의 객관적 실재성을 견지하려 한다면, 뒤나미드들을 유일하고 절대적인 존재의 작용으로 이해하는 것 외에 다른 가능성은 없습니다. 에두아르드 폰 하르트만(Eduard von Hartmann)의 역본설은 이러한 방식을 취하는 것으로 보입니다. 그는 '능동적인 것 없는 능동성'(Thätigkeit ohne ein Thätiges)은 있을 수 없고, 힘들은 물질적이고 한정적인 물체들이 나타나는 것을 결코 가능하게 할 수 없다고 인정하며, 따라서 원자들이 그들 자체에게는 부인되는 실체성을 절대적 실체 안에서 되받는다고 결론 내립니다. "절대적 실체를 의지함으로써 그것들은 능동적인 것이 없는 능동성이기를, 즉 존재론적으로 부유(浮遊)하기를 그만두게 됩니다."[60] 이 무의식의 철학자는 자연 고찰에서 일어났던 변화를 자신의 일원론적 철학을 위하여 사용하기를 마지않습니다.[61] 그러나 이런 변화는 많은 사람들의 눈에 유물론에서 범신론으로, 원

---

60 Von Hartmann, *Die Weltanschauung der modernen Physik*, 204-209; Eduard von Hartmann, *Die Philosophie des Unbewussten*, 11th ed., 3 vols. (Leipzig: Herman Haacke, 1904), 2:495.

61 역자주. 곧이어 언급되지만, 헤켈은 세상의 기본 요소인 원자들을 살아 있는 것으로 보았는데, 폰 하르트만은 이를 뒤집어 원자들이 능동적인 것이 되기 위해서는 유일한 절대적 실체에게 실체성을 받아야만 가능하다고 말한다.

기독교 세계관

자론에서 역본설로 돌아온 것 외에 다름 아닌 것으로 보입니다. 이러한 귀환은 심지어 헤켈이 원자들을 살아 있는 것으로, 힘과 질료, 정신과 물질이 귀속되는 요소들로 명명했을 때에도 부분적으로 느낄 수 있는 것이었습니다.[62] 물활론(hylozoïsme)과 범영혼론(panpneumatisme)은 전자가 '의식 있는 물질'이라는 관념으로 올라가고 후자가 '무의식적 영혼'이라는 관념으로 내려감으로써 서로에게 가까이 다가갑니다.[63]

[43] 그러나 만약 경험비판론에서와 같이 이러한 사변에 만족하지 못하고 모든 절대적인 것과 초월적인 것을 학문으로부터 추방하려고 한다면, 뒤나미드도 지나치게 형이상학적인 성격을 지닌다는 것은 두말할 나위도 없습니다. 왜냐하면 원자들과 뒤나미드들은 어쨌든 지각 불가능하며, 오직 개념들을 실체화하며 의식 바깥의 것에 실재성을 부여하는 플라톤적 방법론을 통해서만 생각해 낼 수 있기 때문입니다. 모든 사변적인 것을 배제하는 관점에 의하면, 위와 같은 방법론은 전적으로 실패했습니다. 우리는 실증적으로(positief) 주어진 것에 머물러야 하며, 이를 넘어서는 것을 향해 거슬러 올라가서는 안 됩니다. 마

---

62 Ernst Haeckel, *Der Monismus als Band zwischen Religion und Wissenschaft*, 6th ed. (Bonn: Emil Strauss, 1893), 14, 17, 33.

63 Von Hartmann, *Die Philosophie des Unbewussten*, 3:vii.

제2장 존재와 생성

흐, 오스트발트(Ostwald), 헬름(Helm) 등에 의하면, 오직 에너지들, 작용들(werkingen)만이 주어진 것입니다. 우리는 외부 세계에 관한 모든 지식을 오직 "주어진 에너지들에 대한 진술의 형태로" 말할 수 있을 뿐입니다. 우리의 학문은 그 너머의 것에 도달할 수 없습니다. 에너지들은 최종적 소여들(所與, gcgcvcns)이며, 우리가 그것으로 되돌아가야 하고 그것에서부터 항상 다시 출발해야만 하는 실재적 사실들입니다. 물질과 정신, 주체와 객체, 물리적인 것과 심리적인 것, 실체들과 '사물 그 자체들'은 어떠한 객관적 존재도 갖지 않으며, 오히려 우리의 지성을 통해 하나로 모아진 다양한 에너지들의 군집일 뿐입니다.[64]

원자론과 마찬가지로 이 에너지론(energetiek)도 그에 못지않게 비판적 시험대를 통과하지 못합니다. 왜냐하면 사람들이 에너지들을 여전히 객관적 실재로 견지하려 한다면, 바로 그러한 입장에 기반해서 그들은 엄청난 모순을 저지르게 되기 때문입니다. [44] 만일 초월적이고 형이상학적인 것들이 추방되어야만 한다면, 에너지들의 객관적 실재성에 대해 말하는 것도 금지되어야 합니다. 그렇다면 우리에게 실제로 주어지는 것은 오

---

64 Hönigswald, *Zur Kritik der Machschen Philosophie*, 27; Rudolf Eisler, *Wörterbuch des philosophische Begriffe*, 1:265ff.; 628ff., s.v. "Energie," "Materie."

기독교 세계관

직 음색과 색깔, 누름과 찌름, 움직임과 변화에 대한 감각들 뿐입니다. 이것들로부터 객관적 에너지들을 추론하는 사람은, 실증적으로 주어진 것을 떠나며, 초월적 실재론의 입장으로 넘어갑니다. 그러나 만일 다양한 감각들로부터 객관적 에너지들의 존재를 도출하는 결론이 적법한 것으로서 변호된다면, 동일한 원리를 통해 에너지들로부터 그것들의 실체들과 담지자들(dragers)을 추론할 수 있습니다. 왜냐하면 어떤 힘은 실체 없이는 생각될 수 없으며, 어떤 작용은 작용하는 무언가 없이, 어떤 움직임은 움직이는 그 무언가 없이 생각될 수 없기 때문입니다. 순수하게 형식적이고 관념적인 관계들 위에는 어떠한 실재적 자연도 세워질 수 없습니다.

그러나 역본설과 에너지론 양자 모두에 대항하여 하나의 더 중대한 고찰을 논할 수 있습니다. 물질의 본질이 우리에게 알려져 있지 않더라도, 우리 모두는 경험을 통해서 어떤 일련의 속성들에 대한 의식을 가지는데, 오직 어떤 물질적 실체만이 이 속성들을 불러일으킬 수 있습니다. 불침투성, 무게, 관성, 팽창, 가시성(可視性)이 어떻게 뒤나미드들이나 에너지들로부터 도출되고 해명될 수 있겠습니까? 만일 우리가 이 속성들로부터 하나의 질료적 실체를 추론할 수 없다면, 그리고 물질은 일종의 공상이나 허상이라고 견지해야 한다면, 그때 이 속성들은 해명되지 않은 채로 남아 있을 뿐 아니라 우리의 인식의 모든 확실

성도 빼앗기게 됩니다. 그리할 때에 사물들은 자기 자신 안에
갇혀 있어서, 그것들의 속성들에 대한 정확한 지각이 우리로 하
여금 생각하게 하는 것과는 전혀 다른 것으로서 존재합니다.
[45] 사물들은 그것들이 실제로 존재하는 바와 전혀 다르게 우
리의 감각들에게 자기 자신을 보여줍니다. 우리의 감각 기관들
은 그것의 신뢰성을 잃어버리고, 우리의 감각적 인식은 그것의
토대로부터 배제되었으며, 현상으로부터 존재를 추론하는 길은
침몰했습니다. 우리는 환상설(illusionisme)에 도달했고, 모든 학
문은 회의주의에 빠지게 되었습니다.[65]

---

65 에너지론에 반대하는 견해로는 다음을 참조하라. Von Hartmann, *Die
Weltanschauung der modernen Physik*, 190-199; Von Hartmann,
Die Philosophie des Unbewussten, 2:488ff.; Johannes Reinke, "Das
energetische Weltbild," *Deutsche Rundschau* 114 (January-March 1903): 358-
375; Reinke, *Die Welt als That*, 142ff.

2 ———————— 유기적 세계관의 필요성

그러므로 세계는 원자들이나 뒤나미드들(에너지들)로 환원될 수 없습니다. 질료와 힘이라는 근본 개념들은 따로 고찰될 때에 더욱 그러하지만 함께 주어진 것으로 고찰되더라도 자연 안에서 우리에게 나타나는 현상들의 무한한 충만함을 우리에게 해명하기에는 불충분합니다. 심지어 플라톤(Platon)조차도 감각적 세계를, 아리스토텔레스는 이념들의 세계를 부당하게 대했으며, 이 점에서 그들은 모두 한쪽으로 치우치는 것을 피하지 못했습니다. 온전한 진리는 성경을 통해서야 비로소 우리에게 주어집니다. 성경은 사물들이 하나님의 각종 지혜(πολυποίκιλος σοφία)[66]인 그의 생각들로부터 나왔기 때문에, 서로가 그 각각의 종류와 이름을 따라 구분되며, 그것들의 다양성 속에서도 여전

---

66 역자주. "이는 이제 교회로 말미암아 하늘에 있는 통치자들과 권세들에게 하나님의 각종 지혜를 알게 하려 하심이니 (엡 3:10)." "ἵνα γνωρισθῇ νῦν ταῖς ἀρχαῖς καὶ ταῖς ἐξουσίαις ἐν τοῖς ἐπουρανίοις διὰ τῆς ἐκκλησίας ἡ πολυποίκιλος σοφία τοῦ θεοῦ(NA26)"

히 하나이며 그것들의 하나 됨 속에서 여전히 다양하다고 가르
칩니다.

그리하여 기독교적 이해 속에서의 자연은 오늘날의 자연 과
학에서 형성된 자연의 개념보다 훨씬 더 광대하고 풍성합니
다. 더구나 이 점은 이전 시대들에 일반적으로 통용되었었습니
다. 자연은 모든 피조물들, 곧 물질적인 것뿐만 아니라 정신적
인 것도 포함했습니다. [46] 때로는 이 개념이 더욱 확장되어
서 창조주에게도 적용되었습니다. 하나님은 능산적 자연(*natura
naturans*), 최고의 자연(*natura summa*)이었습니다. 보이는 것뿐
만 아니라 보이지 않는 것도, 피조물뿐 아니라 창조주까지도 포
함한 존재하는 모든 것들은 자연이라는 하나의 이름 아래 모
였습니다. 그러나 이 개념이 피조물에게만 한정되었을 경우에
도 원칙적으로 그랬던 바와 같이 사람들은 단지 물질적 피조
물뿐 아니라 영혼적인(geestelijk) 피조물까지도 생각했습니다.
물체적 자연(*natura corporalis*)뿐만 아니라 정신적 자연(*natura
spiritualis*)도 존재했기 때문에, 물체에 관한 자연학(*physica
corporis*)뿐만 아니라 영혼에 관한 자연학(*physica animae*)이 존재
하는 것도 당연했습니다. 통상적으로 자연학은 물체적 자연에
관한 학문으로 한정되었으나, 그럴 경우에도 하나님과 천사들
과 영혼들을 다루는 이론인 영혼학(*pneumatica*)의 곁에 나란히
놓였습니다.[67] 그러나 점차 자연과 자연학은 더욱 좁은 의미를

기독교 세계관

가지게 되었습니다. 자연은 이제 통상적으로 단지 "감각적으로 외부적인 것, 정신에 반대되는 것"을 의미하고, 자연학(physica)[68]은 물체 전체의(molaire) 혹은 분자들의(moleculaire) 움직임에 관한 학문, 곧 무생물적 자연 안에 일어나는 현상들의 법칙들에 대한 이론을 의미합니다.[69]

이러한 한정된 의미의 자연에서 현상들에 대한 기계론적인 해명은 온전히 그것의 존재 권리를 가집니다. 이 점에 대해서 논쟁하려는 사람은 없습니다. 그러나 자연의 이 작은 부분을 자연 전체와 동일하게 취급하는 것과, 좁은 의미의 자연에 적용되던 방법론을 다른 모든 현상들에도 적용하는 것은 지나치게 편향적입니다. 그럼에도 불구하고 이러한 생각은 원자론적·기계론적 세계관의 지지자들 가운데서 종종 발견됩니다. [47] 헤켈은 일원론을 이러한 의미로 파악하여, 오직 하나의 '세계 법칙'(Weltgesetzlichkeit)만이 존재한다고, 즉 모든 것은 인과적 기계론으로 설명된다고 주장했으며, 그의 견해와 다른 모든 이론들은 그저 이원론적이고 초월적이며 초자연적이라고 명명했습

---

67 Johann Heinrich Alsted, *Encyclopaedia septem tomis distincta* (Herborn: [n.p.], 1630), 1:631, 668.

68 역자주. 또는 물리학.

69 Eisler, *Wörterbuch der philosophischen Begriffe*, 1:706ff., 2:119, s.v. "Natur," "Physik."

니다. 뒤보아-레몽이 삶과 의식을 신진대사로부터 설명할 수 없다고 여겼을 때, [헤켈에 의하면] 그는 형이상학적 이원론의 프로그램을 제시한 것[이라고 합니다.][70] 분트(Wundt)가 심리학을 여전히 특정한 정신 과학으로 견지할 때, 그는 일원론적 유물론적 관점을 이원론적이고 영혼론적인 관점으로 바꾸어버렸다고 합니다.[71] 영혼을 자립적이고 비물질적인 존재로 파악하는 것은 이원론적이며 초자연적입니다. "왜냐하면 그러한 관점은 힘의 존재를 주장하는데, 힘이라는 것은 물질적 토대가 없이 존재할 수 없고 작용할 수도 없기 때문입니다. 그 관점은 자연의 바깥에, 그리고 위에 여전히 하나의 정신적인 세계, 비물질적인 세계가 있으며, 우리는 경험을 통해서는 이 세계에 대해 아무것도 알지 못하고, 우리의 본성에 따르면 아무것도 알 수 없다는 것을 전제로 하고 있습니다."[72] 또한 칼 에른스트 폰 베어(Karl Ernst von Baer)가 유기적[이며] 신체[를 가진 존재자들(organische lichamen)]에게 '어떤 목적을 추구하는 경향'(Zielstrebigkeit)이 있다고 말했을 때, 헤켈에 따르면 그는 점점 늘어가는 나이와 신비주의의 영향 때문에, 그의 독창적인 통찰들을 이원론적인 관

---

70 Haeckel, *Die Welträthsel*, 209.

71 Haeckel, *Die Welträthsel*, 117, 109.

72 Haeckel, *Die Welträthsel*, 105.

점으로 바꾸어버렸다고 합니다.[73] 그리하여 자연은 단순히 세계의 물리적 현상들과 동일시되었고, 기계론적 설명은 유일하게 학문적인 설명으로 위상이 높아졌습니다. 이것을 넘어서는 것은 모두 초자연적이며 일종의 기적인데, 기적들은 당연히 (natuurlijk)[74] 불가능합니다!

[48] 그러나 아무리 자연과 학문에 대한 이러한 이해가 일변도적이며 편협하다고 하더라도, 그것은 여전히 항상 많은 사람들의 마음을 매혹해왔습니다.[75] 그리고 기계론적 세계관을 지지할 수 없는 것으로서 포기하는 사람들일지라도, 그들은 여전히 비밀리에 기계론적 세계관을 학문의 이상으로 인정하고 있습니다. 몇몇 학문의 영역에서 기계론적 설명은 불완전하며, 그것이 목적론적인 설명으로 대체되어야 한다는 필요가 인정되고 있습니다. 라인케는 생물 자연 영역(in de levende natuur)에서 인과적 원인 외에도 목적론적 원인들이 작용한다는 것을 인정하나, 비유기적 자연에 있어서는 전적으로 "인과작용들"(Kausalwirkungen)만을 받아들입니다.[76] 그리고 다른 곳에서

---

73 Haeckel, *Die Welträthsel*, 209.

74 역자주. 또는 자연적으로.

75 Ludwig Busse, *Geist und Körper, Seele und Leib* (Leipzig: Dürr'schen Buchhandlung, 1903), 23, 414.

76 Reinke, *Die Welt als That*, 259.

그는 "우주적인 이성"(kosmische Vernunft)은 오직 유기적 존재들을 해명할 때에만 필요한 것으로 받아들여져야 하되, 그것은 불변하는 자연법칙들에 묶여 있고 제한되며, 만물의 창조자는 없는 것으로 보이지만, "세계의 시계공"(Weltuhrmacher), [즉] "모든 유기체적 존재와 관련된 최고의 원인"은 있는 것 같다고 말한 바 있습니다.[77] 다른 이들은 목적론적 원리에 더욱 작은 지위만을 인정합니다. 슈타인(L. Stein)에 의하면, 의식 없는 목적은 불가능하며 하나의 이성이 세계를 지배하는 것이 증명 불가능하기 때문에, 의식이 있는 유기적 존재가 세계 안에 등장할 때에 우리가 비로소 목적에 대해 말할 수 있지만, [세계 전체를 포괄하는] 초월적인 목적론은 존재하지 않되 다만 [세계 안의 국소적인] 내재적 목적론만이 존재한다고 합니다.[78]

그러나 이러한 이해는 너무 이원론적이라서 장기적으로는 아무도 만족시킬 수 없습니다. 자연과 역사는 그러한 방식으로 서로에게 나란히 분리되거나 적대적으로 존재할 수 없습니다. [49] 논리적인 관점에서 봤을 때, 기계론적 세계관이 더 선호될 수밖에 없습니다. 왜냐하면 그것은 세계에서의 위와 같은 분열과 우리의 사유 안에서의 그러한 단절을 피하기 때문입니다.

---

[77] Reinke, *Die Welt als That*, 297.

[78] Stein, *An der Wende des Jahrhunderts*, 17ff.

기독교 세계관

그렇지만 세계가 하나의 기계로서 이해될 수 있다는 이론은 궁색한 편견일 뿐입니다. 현실에서 비교적 작은 부분에만 관련되는 물리학과 화학에서의 지식도 부분적일 뿐이며, 우리 인식의 한계 근처에 멈추어 있습니다. 내글리(Nägeli)에 따르면, 자연의 단순하고 비유기적인 현상들을 통해서 감각과 의식의 기원 같은 문제들을 학문적으로 해명하는 것은 많은 어려움에 봉착합니다.[79] 최근 몇 년간 화학에서의 연구들은, 미시 세계는 거시 세계만큼이나 경이로우며 선입견이 없는 관찰자에게 수수께끼와 신비로 가득하다는 것을 분명하면서도 유력하게 보여줍니다.[80] 강한 불빛을 통해서 지각될 수 있는 가장 작은 물체는 그 자체로 또 하나의 세계입니다. 이전까지 단순하다고 생각되어 왔던 원자들의 내부를 살펴볼 때, 그것들은 하늘의 별과 같이 수수께끼로 가득 차 있습니다.[81] 그리고 우리의 연구가 무생물에서 생물로, 물질에서 정신으로, 자연에서 역사로 이행할 때에 세계의 이러한 수수께끼들은 더 많아집니다. 우리가 알고 있는 것보다 모르는 것이 수천 배나 많은 이러한 존재의 풍성함은

79 Hertwig, *Die Entwicklung der Biologie im 19. Jahrhundert*, 27, 28.

80 Paul Gruner, *Die Welt des unendlich Kleinen* (Godesberg: Naturwissenschaftlicher Verlag, 1908).

81 Johannes Wilhelm Classen, *Naturwissenschaftliche Erkenntnis und der Glaube an Gott* (Hamburg: C. Boysen, 1903).

원자로부터 출발하는 기계론적 설명을 비웃습니다.

[50] 그러므로 우리가 기계론적 세계관과 역본설적 세계관을 유기적인 세계관으로[82] 대체할 때에만 통일성과 다양성, 존재와 생성이 자기의 자리로 돌아오게 됩니다. 유기적 세계관에 의하면, 세계는 단조롭게 한 종류로 이루어져 있는 것이 아니라, 존재의 충만함, 현상들의 풍성한 변화, 피조물들의 다채로운 다수를 포함합니다. 이러한 "사물들의 다양성은 세계의 전체[가 생겨나는] 과정(des ganzen Weltprozesses)의 전제입니다. 왜냐하면 그러한 과정은 처음에 자기 자신이 아닌 어떤 것을 야기시켜야 하기 때문입니다."[83] 세상에는 무생물과 생물, 비유기적인 것과 유기적인 것, 영혼이 없는 것과 영혼이 있는 것, 의식이 없는 것과 의식이 있는 것, 물질적인 피조물들과 정신적인 피조물들이 있으며, 이것들은 각기 종류가 다르나, 그럼에도 전체의 통일성 안에서 그 모두가 받아들여집니다.

바로 이 유기적인 관점은 기계론적인 관점보다 더 넓은 마음

---

82 '유기적'과 '기계론적'의 개념에 대해서는 다음을 참조하라. Rudolf Eucken, *Geistige Strömungen der Gegenwart* (Leipzig: Veit & Comp., 1904), 125-150.

83 Gustav Portig, *Das Weltgesetz des kleinsten Kraftaufwandes in den Reichen der Natur*, 2 vols. (Stuttgart: Kielmann, 1903-1904), 1:21, quoted in E. Dennert, "Das Weltgesetz des kelinsten Kraftaufwandes," *Beweis des Glaubens* 40 (1904), 259.

기독교 세계관

씨와 더 광활한 조망을 가진다는 장점이 있습니다. 기계론적 관점은 배타적입니다. 그것은 세계 전체가 자기에게 속하기를 요구합니다. 그러나 유기적인 관점은 기계론적 관점을 그것의 영역 안에서, 그리고 자연 스스로가 그에게 규정하는 바의 한계들 내에서 그것의 권리를 인정합니다. 다만 유기적인 관점은 생명, 의식, 자유, 목적 등이 기계론적으로 설명**되어야만 하며** 다른 모든 설명들은 비학문적이어야 한다는 선험적 요구에 반대할 뿐입니다. 왜냐하면 어떤 과학적인(wetenschappelijk) 연구자가 생명에 대한 기계론적 설명을 불가능한 것으로 여기고 생명의 힘이라는 가정(hypothese)을 피난처로 삼는다면, 실제로 그의 가정이 올바른 것인지는 차치하더라도, 다른 연구자들이 지각된 현상들로부터 원자들이나 뒤나미드들, 힘들이나 법칙들을 추론하는 것과 형식적으로는 동등한 권한을 가지기 때문입니다. [51] 이러한 점 자체는 이원론적 초자연주의와 아무런 관련이 없습니다. 영혼과 생명, 의식과 자유, 정신과 생각은 우리가 지각하는 자연 안에서의 물질 그리고 힘과 마찬가지로 유효한 현상들이며, 그것들을 해명하는 것은 정당성을 가집니다.[84]

---

84 Eduard von Hartmann, "Mechanismus und Vitalismus in der modernen Biologie," *Archiv für systematische Philosophie* 9 (1903), 345. Von Hartmann, *Philosophie des Unbewussten*, 3:VI.

그리하여 유기적 관점은 피조물의 다양성들을 자연이 우리에게 보여주는 바 그대로 인정하며, 그것들로부터 출발합니다. 그것은 한 가지 이론을 가지고서 자연에 접근하는 것이 아니라, 자연이 그 자신을 주는 바 그대로를 취합니다. 이 관점은 자연의 개념을 제한하지 않으며, 그것의 한계늘이 물리적인 것의 한계들과 일치하도록 만들지도 않습니다. 이 관점은 인과적인 관계를 기계적인 관계와 동일시하지 않으며, 심리적인 현상들을 미리 구축된 체계로써 구속하지 않습니다. 그러나 이러한 다양성 속에서도 이 관점은 세계 속에서 지각될 수 있는 통일성과 조화를 완전히 받아들입니다. 기계론적 관점이 세계를 객관적으로는 원자들로, 주관적으로는 감각들로 분리하여 파악할 때, 그것은 단지 우연적이고 유명론적인 통일성만을 받아들일 수밖에 없으나, 유기적 관점에 의하면 전체가 부분들에, 하나가 다수에 선행합니다. 그리하여 본래적으로 오직 두 종류의 세계관, 유신론적 세계관과 무신론적 세계관만이 존재합니다. 왜냐하면 "정신과 물질, 사유와 존재, 언어와 '행동,' 의식과 무의식, 하나님과 세계 중 어느 것이 더 우선하는가?" 하는 질문이 두 세계관을 구분 짓기 때문입니다. [52] 비록 사람들이 모든 사물들의 원인을 이성, 정신, 의지라고 말하더라도, 만일 범신론과 같이 이것들의 고유한 특징들을 절대자에게 부여하기를 거절할 때에는, [그것은 기계론적 관점과] 별 차이가 없습니다. 이러

기독교 세계관

한 질문들에 대해서 기독교적인 관점, 즉 유기적인 관점은 사유가 존재에, 언어가 행동에 선행한다고 답변합니다. 모든 사물이 인식 가능한 이유는 그것들이 먼저 생각되었기 때문입니다. 그리고 그것들이 먼저 생각되었기 때문에, 그것들은 서로 구분됨에도 불구하고 하나일 수 있습니다. 유기체 안에서 구분되는 부분들에게 생기를 주며 그것들을 지배하는 것은 이념(idee)입니다.[85]

사유와 존재 간의 우위에 관한 문제는, 가장 단순한 현상들로부터 극도로 복잡한 현상들에 이르기까지, 피조세계의 모든 부분들과 관련해서 되돌아옵니다. 이 질문은 사물들의 궁극적 구성 요소들에 대해 고찰할 때에 이미 일어납니다. 이방 세계에 있어서 물질은 항상 불경스러운(ongoddelijk) 것이었고, 영원히 형체 없이 존재하는 것이었으며, 항상 이념의 지배에 저항하는 것이었습니다. 그러나 창조, 성육신, 부활에 관한 기독교 교리는 이러한 이원론을 근원적으로 불가능한 것으로 만들었습니다. 물질도 그것의 근원이 하나님에게 있으며, 그리하여 하나님을 대항하는 것으로서 존재하지 않되, 오히려 그분에게 온전히 의존적이고 그분의 의지에 내맡겨져 있습니다. 과연 물질은 온전히 전적으로 하나님으로부터, 그리고 하나님에 의해 존

---

85 Trendelenburg, *Logische Untersuchungen*, 2:17, 19, 124ff.

재하기 때문에, 토마스 아퀴나스(Thomas Aquinas)와 같이 물질이 하나님의 존재와 어떤 유사성을 지닌다고 말하더라도 지나치게 대담한 것이 아닙니다.[86] 그리고 물질은 그것의 근원과 관련해서 하나님과 어떠한 반대도 이루고 있지 않기 때문에, 정신적인 것과 분리된 채, 정신적인 것과 어떠한 유사성도 없이 이원론적으로 존재할 수 없습니다. [53] 물론 이전에도 사람들은 물질의 실재성뿐 아니라 정신적 실체도 받아들였습니다. 그렇지만 이 두 가지는 아무리 본질에 있어서 구분된다고 하더라도, 하나의 동일한 신적인 지혜를 통해서 불러일으켜졌기 때문에 서로가 서로에게 대항하며 존재하지 않았습니다. 더 나아가 이 두 가지는 내적으로 유사하며 긴밀하게 연관되어 있었습니다. 하나의 자연 안에 두 가지 모두가 받아들여졌습니다. 데카르트(Descartes)가 최초로 영혼과 몸의 이러한 조화를 부수었고, 대신에 일종의 대립을 일구어내어 새로운 시대의 철학으로 하여금 우로나 좌로나 치우치게 만들었고, 또한 이 대립은 현재 다시 심리·물리적 평행(het psychophysisch parallelisme)[이라는 개념]

---

86 Thomas Aquinas, *Summa Theologiae*, Ia q. 14 a. 11 ad 3. "질료는 비록 그것의 잠재성에 있어서 하나님과의 유사성으로부터 멀어진다고 하더라도, 여전히 그러한 존재를 가지고 있는 한에서는, 하나님의 존재와 어떤 유사성을 가진다 (materia, licet recedat a Dei similitudine secundum suam potentialitatem, tamen inquantum vel sic esse habet, similitudinem quandam retinet divini esse)."

으로 부활되었습니다.

구분은 단지 존재, 실체들 안에만 있는 것이 아니라, 그러함 (het zoo-zijn), 사물들의 형상과 형태 안에서 더욱 뚜렷하게 나타납니다. 온 세계를 통해서 우리는 존재와 생성이 서로 연결되어 있음을 봅니다. 유형적인 것, 일반적인 것, [어떤 대상의] 종류는 [변하지 않고] 남아 있습니다. 우리는 가시덤불로부터 포도를, 엉겅퀴로부터 무화과를 거두지 않습니다. 식물은 동물이 되지 않으며, 동물은 사람이 되지 않고, 사람은 천사가 되지 않습니다. 립만(Liebmann)이 옳게 말한 바와 같이, 이것은 플라톤주의가 우리에게 알려주는 진리입니다. 그럼에도 불구하고 우리는 세계 전체를 볼 때, 그 안에 속한 모든 것들이 계속해서 움직이고 있는 것을 봅니다. 세계에는 중단되지 않는 생성과 소멸이 있으며, 멈추지 않는 탄생과 죽음이 있습니다. 어떠한 피조물도 다른 피조물과 동일하지 않으며 하나의 피조물이 두 개의 순간에 완전히 동일하지도 않습니다. 항구적이지 않음 외에는 항구적인 것이 없습니다. 이것은 다윈주의(Darwinisme)가 우리에게 가르쳐주는 진리입니다.[87]

---

87 Otto Liebmann, *Zur Analysis der Wirklichkeit: Eine Erörterung der Grundprobleme der Philosophie* (Straßburg: Karl J. Trübner, 1900), 318ff.; Otto Liebmann, *Gedanken und Thatsachen* (Straßburg: Karl J. Trübner, 1901), 2.1:142ff.

이러한 [두 가지] 점들은 모든 사람에게 확실한 사실들입니다. 이를 부정하여 한 종류의 [진리]가 다른 종류의 [진리]에 희생되는 것은 유익하지 않습니다. [54] 진화론은 만물은 흐른다(πάντα ῥεῖ)는 헤라클레이토스(Heraclitus)의 명제를 반복하여, 일반적인 것, 종(種)의 실재성을 부인합니다. 그러나 현재 아리스토텔레스의 실체적 형상(formae substantiales)[88] 이론으로 되돌아가려는 움직임이 도처에 광범위하게 포착되고 있

---

[88] 역자주. 아리스토텔레스에게 있어서 실체적 형상(substantial form)은 우유적 형상(accidental form)과 대비되는 것으로, 어떤 실체의 본질을 뜻하며, 종(種)에 상응하는 것이다. 가령 '소크라테스는 사람이다'라는 명제에서 사람임은 소크라테스(첫째 실체)의 본질로서, 혹은 보편자로서의 둘째 실체를 이룬다. 이 점에서 본질은 실체적 형상이다. 반면 '소크라테스는 지혜롭다'라는 명제에서 지혜는 소크라테스에게 본질적인 속성이 아니며, 언제든지 없어질 수 있다는 점에서 우유적인 형상이다. 아리스토텔레스의 물리학에서는 운동의 원인이 형상에 있다. 어떤 사물 A가 움직이는 것은, A에 내재된 형상 때문이다. 비가 왔을 때 씨앗이 싹을 틔우는 것은 그렇게 하는 것이 식물의 본질에 속해 있기 때문이다. 사람이 밥을 먹고 잠을 자며 생각하는 활동을 하는 것은 마찬가지로 그의 실체적 형상이 그로 하여금 그렇게 움직이도록 만들기 때문이다. 반면, 기계론적인 설명에서는 운동의 원인을 사물의 외부에서 찾는다. 즉, 사물 A가 움직이는 이유는 다른 외부 대상인 사물 B가 A에게 힘을 가했기 때문이다. 그런데 아리스토텔레스 물리학에서는 B가 앞으로 나아가려는 성향(형상)이 있고, A는 부딪혀서 튕겨져 나가려는 성향이 있다는 방식으로 운동을 설명해야 한다. 비유기적인 사태에 관해서는 기계론적 설명이 우위를 점하게 되었으나, 유기적인 사태에 관해서는 바빙크가 아래에서 논하는 것처럼 아리스토텔레스적 설명이 유리할 때도 있다. (참조: https://www.britannica.com/biography/Aristotle/Physics-and-metaphysics#ref923095 https://plato.stanford.edu/entries/aristotle-metaphysics/ 2019년 4월 16일 오전 1:00 접근.)

기독교 세계관

습니다. 한스 드리쉬(Hans Driesch)는 위에서 인용된 작품의 서문에서, 자신이 아리스토텔레스와 뉴턴(Newton)의 '연구 준칙들'(Forschungsmaximen)을 종합하려고 한다고 말했으며, 또 다른 곳에서는 학문에서 최근의 전향을 "패배했다고 여겨지는 아리스토텔레스와 스콜라주의의 실체적 형상들과 숨겨진 속성들로의 귀환"이라고 명명했습니다.[89] 변화 가능성이 얼마나 크든 간에 유전적 특질은 항상적이어서, 발전의 과정은 주도적인 생각들과 형성하는 힘들 없이는 파악될 수 없습니다. 가장 젊은 자연 탐구자들과 철학자들이 다시 무의식의 합목적성, 무논리적 의지, 영혼이 깃든 원자들, 어떤 특정한 생명의 힘, '형태의 주도적인 특성들'(Gestaltungsdominanten), '이성 생식(Heterogonie)의 목적', '합목적적 적응의 능력'[90] 등에 대해 말하기 시작할 때에, 이것은 물질과 힘이라는 개념만으로 사물들의 존재와 본질(zoo-zijn)을 온전히 설명하기에 불충분하다고 다소간 솔직하게 인정하는 것입니다.

또한 성경은 피조물들의 실체가 구분되어 있을 뿐 아니라 동일한 실체가 다양한 피조물들 가운데서 다양하게 조직된다는

---

89 Hans Driesch, *Naturbegriffe und Naturburteile* (Leipzig: Wilhelm Engelmann, 1904), IV, 53, 224; Liebmann, *Gedanken und Thatsachen*, 2.1:149.

90 Von Hartmann, "Mechanismus und Vitalismus in der modernen Biologie."

제2장 존재와 생성

것도 가르칩니다. 하늘과 땅에, 해와 달과 별에, 식물들, 동물들, 인간들 등에는 각자에게 고유한 특질이 부여되어, 그 특질을 통하여 사물이 개별적으로나 집단을 이루고 있을 때 자기 자신으로 남아 있게 됩니다. [55] 성경은 물질이 다수 혹은 소수의 요소들 또는 어떤 최종적인 요소로 환원될 수 있을 것인지에 대한 견해를 완전히 보여주지 않습니다. 마찬가지로 성경은 우리의 통상적인 구분과 유사한, 불변적인 종(種)들의 목록을 제공하지도 않습니다. 그러나 성경은 존재뿐 아니라 본질(zoo-zijn)까지도, 실체뿐 아니라 그것들의 조직(organisatie)까지도 하나님을 통해 규정된다고 가르칩니다. 이 점을 잘 따른다면, 기독교 철학은 수정된 의미로서 이데아들과 형상들에 관한 플라톤과 아리스토텔레스의 이론을 받아들일 수 있을 것입니다.

사실 우리는 그러한 형상들(formae) 없이 사물을 설명하지 않습니다. 그러나 이러한 형상들은 지각의 질료들에게 우리의 정신의 활동을 통해 우리가 부여하는 칸트적인 의미에서의 범주들로 이해해서는 안 됩니다. 형상들은 순수하게 주관적인 것도, 수동적인 것도 아니어서, 우리의 지각의 질료들에게 짜여 들어가기만 하지 않습니다. 오히려 그것들은 많은 부분적인 것들에게 질서와 연관을 부여하며, 부분적인 것들을 하나의 유기적 통일체로 묶는 객관적 이념들로 여겨져야 합니다. 형상들은 사물들로 하여금 특별히 각자가 자기 자신이도록 만들어줍니다. 마

기독교 세계관

치 예술가가 자신의 생각(idee)을 대리석에 부여하듯이, 하나님도 세계 안에서 그의 말씀을 실현시키십니다. 그러나 이때 큰 차이점이 있습니다. 사람은 오직 예술 작품이나 도구들을 만들 수 있을 뿐이고, 이때 생각은 항상 다소간 초월적인 것으로 남아 있습니다. 그러나 하나님은 존재자들을 창조하십니다. 그것들은 비록 그의 손안에서 온전히 도구로 남아 있으나(사 10:15),[91] 그럼에도 창조된 존재자들은 이념 자체를 자신 안에 받아들이며, 자발적인 활동(spontane werkzaamheid)을 통해서 이념을 현실화합니다. 생각은 사물 위에 떠다니는 것이 아니라 사물 안에 존재합니다. 어떤 의미에서 이 점은 모든 피조물들과 세계 전체에 해당합니다. 온 세계는 긍정적인 의미로 하나의 유기체, 하나의 생명체($\zeta\omega o\nu$)라고 불릴 수 있는데,[92] 그렇다고 라이프니츠(Leibniz), 헤켈, 페흐너(Fechner)와 같이 모나드들, 원자들, 혹은 별들이 각기 살아 있는 영혼을 가진다고 인정할 필요는 없습니다. [56] 왜냐하면 모든 것이 전부 하나님의 지혜의 계시이기

---

91 역자주. "도끼가 어찌 찍는 자에게 스스로 자랑하겠으며 톱이 어찌 켜는 자에게 스스로 큰 체하겠느냐 이는 막대기가 자기를 드는 자를 움직이려 하며 몽둥이가 나무 아닌 사람을 들려 함과 같음이로다 (사 10:15)."

92 Tilmann Pesch, *Die grossen Welträtsel: Philosophie der Natur*, 2 vols. (Freiburg im Breisgau: Herdersche Verlagshandlung, 1907), 1:46ff., 50ff.; Liebmann, *Gedanken und Thatsachen*, 2,1:177.

때문입니다. 하나님은 단지 초월적으로 위에 계시기만 한 것이 아니라, 그의 말씀과 성령과 더불어 모든 피조물들 안에 내재적으로 존재하십니다.

그렇지만 이때 하나님의 지혜가 사물들의 본질, 그것들의 하나 됨과 다양함을 설명할 수는 있지만, 그것들의 실존(existentie)을 해명하지는 않는다는 점을 살펴봐야 할 것입니다. 사유만으로는 존재가 도출되지 않습니다. 지성주의(intellectualisme)에 대항하여 의지주의(voluntarisme)는 생각이 아니라 오직 의지만이 사물들의 실존 원리(*principium existendi*)일 수 있다는 입장을 타당하게 견지합니다. 이념들은[93] 유형적 원인들(*causae exemplares*)일 수는 있으나, 확실히 그것들은 유효적 원인들(*causae efficientes*)은 아닙니다. 영원 전에 하나님의 의식 안에 이념으로서 존재했던 것에게 실재적 존재(bestaan)를 부여하기 위해서는, [하나님의] 말씀 외에도 [하나님의] 행동이, [성자의] 나심 외에도 창조가, [하나님의] 지혜 외에도 [하나님의] 작정이 일어나야만 합니다. 성경의 교리와 플라톤주의, 성경에서의 지혜와 로고스에 대한 교리와 그리스 철학에서의 로고스 사변이 일치하는 부분이 있다고 하더라도, 이 둘 사이의 커다란 차이를 잊어버려서는 안 될 것입니다. 성경에 따르면 이념들은 하

---

93 역자주. 혹은 플라톤에게 있어서는 '이데아들'.

기독교 세계관

나님을 벗어나서 어떠한 객관적이고 형이상학적인 존재도 가지지 않되, 오직 하나님의 존재 안에서만 존재합니다. 이 이념들은 단지 일반적인 개념들, 사물들의 유형들과 형태들만을 포함하는 것이 아니라, 시간 안에 이미 존재하거나 앞으로 일어나게 될 모든 생각들도 예외 없이 다 포함합니다. 이념들은 스스로 존재하게 되는 것도 아니고 그것들을 유형으로 취하는 제작자(δημιουργος)[94]를 통해 존재하게 되는 것도 아니며, 오직 하나님의 의지를 통해서 그분의 의식으로부터 나와 현실화됩니다. [57] 생각을 통해 이끌려진 하나님의 의지, 곧 그의 뜻의 결정(βουλη του θεληματος)[95]이 사물들에게 현존을 부여하며, 계속해서 그것들을 존재하게 합니다. 하나님의 생각들은 그의 말씀을 통해서,[96] 그의 아들을 통해서 발언되며, 사물들의 유형적 원인들(causae exemplares)이고, 하나님과 세계, 일자(一者)와 다수(多數)

---

94 역자주. 그리스어 'δημιουργος'는 본래 제작자(skilled workman)라는 뜻의 단어로, 플라톤이 『티마이오스』에서 세계를 창조한 자에게 붙인 이름이다. 이후 플라톤주의 철학에서 데미우르고스는 이데아들을 모델로 하여 실재적 감각적 세계를 조성한 자이지만, 일자(一者)보다는 하등한 것으로 이해된다. (참조: https://en.wikipedia.org/wiki/Demiurge, 2019년 2월 7일 오후 12:00 접근.)

95 역자주. "모든 일을 그의 뜻의 결정대로 일하시는 이의 계획을 따라 우리가 예정을 입어 그 안에서 기업이 되었으니(엡 1:11)." "ἐν ᾧ καὶ ἐκληρώθημεν προορισθέντες κατὰ πρόθεσιν τοῦ τὰ πάντα ἐνεργοῦντος κατὰ τὴν βουλὴν τοῦ θελήματος αὐτοῦ((NA26)"

96 역자주. 혹은 안에서(in).

사이의 연결고리입니다. 그러나 그것들은 하나님의 의지, 하나님의 능력을 통해 사물들 자체 안으로 데려와지고, 내재적인 원인들(immanente *causae*)로서 사물들 안에 창조됩니다. 하나님은 아들 안에서 모든 사물들에게 존재를 부여하시며(골 1:15),[97] 아들은 다시 그의 능력의 말씀으로써 만물을 붙드십니다(히 1:3).[98] 사물들에 대한 [하나님의] 생각들이 사물들 안에서 활동적 원리(actieve *principia*)들이 되고 운동의 원리들(ἀρχαι της κινησεως)[99] 로서 사물들에게 영혼을 불어넣으며, 사물들을 지배한다는 점은 하나님의 이 의지와 능력을 통해서 이해할 수 있습니다. 그러므로 "형상은 사물의 존재를 부여한다"(*forma dat esse rei*)는 명제는 잘 이해되어야 합니다. 형상(*forma*)이 질료(*materia*)에게 그것의 본질(*essentia*), 구분(*distinctio*), 작용(*operatio*)을 부여한다는 것은 오직 형식적으로(*formaliter*)만 맞는 말입니다. 실제로 그 모든 것들은 하나님의 의지에 달려 있습니다.[100] 세계에는 하나님의 능력(δυναμις), 하나님의 힘(ἐνεργεια)이 작용하고 있어서,

---

97 역자주. "그는 보이지 아니하는 하나님의 형상이시요 모든 피조물보다 먼저 나신 이시니(골 1:15)."

98 역자주. "이는 하나님의 영광의 광채시요 그 본체의 형상이시라 그의 능력의 말씀으로 만물을 붙드시며 죄를 정결하게 하는 일을 하시고 높은 곳에 계신 지극히 크신 이의 우편에 앉으셨느니라(히 1:3)."

99 역자주. 혹은 운동의 출발점들.

기독교 세계관

그것을 통해 사물들이 **존재하며 움직입니다**. 하나님의 힘은 피조물들 안의 모든 힘과 에너지들의 근원이며, 하나님의 힘은 맹목적이지 않고 하나님의 지혜를 통해 이끌어지기 때문에, 세상 안에 있는 힘들과 작용들도 방향과 궤도를 보여줍니다. 그 힘들은 외부적인 강제에 의해서가 아니라, 자기의 고유한 본질(wezen)을 따라 내적으로 생각과 연결되어 있습니다.

---

100 Johann Heinrich Alsted, *Encyclopedia, septem tomis distincta*, 7 vols. (Herborn: [n.p.], 1630), 3*:615. *역자주. 바빙크는 3권을 1권으로 잘못 표기하고 있다.

3 ──────── 존재와 생성에 관한
기독교 세계관의 우위

또한 하나님의 지혜와 의지에 대한 이 교리는 세계 전체 안에서 포착될 수 있는 발전을 설명합니다. [58] 물론 기계론적 관점의 지지자들도 발전과 진보, 진화와 전진을 말합니다. 그러나 그들은 이 개념들을 깊이 생각하지 않으며, 그 [단어들이 주는] 어감(klanken)[101]만으로 만족합니다. 그렇지 않았더라면 진보와 완성이라는 의미의 발전이 원자들에 기반한 기계론과 하나 될 수 없다는 점을 통찰하는 것은 쉬운 일이었을 것이기 때문입니다. 그러나 이러한 관점에서는 다음과 같은 질문들에 대한 대답을 주는 것이 불가능합니다. "어떻게 아무 차별 없이 동등하고, 무정부적이고(anarchischer) 천민정치적이며(ochlokratischer) 목표가 없는 원자들의 기계적인 결합을 통해서 어떤 완성, 더 고도의 형성, 더 높이 전진함, 완전의 가능성을 생각할 수 있겠는가? 어떻게 자연이 영원히 혼돈스러운 먼지의 소용돌이와 안개로

---

101 역자주. 또는 소리.

남아 있는 것이 아니라, 원자들의 물리적 화학적인 기제를 통해서, 볼 수 있는 눈, 들을 수 있는 귀, 느낄 수 있는 신경, 구부리고 펼 수 있는 근육, 생각할 수 있는 뇌, 그리하여 마침내 어떤 논리, 어떤 이성, 어떤 윤리를 만들어낼 수 있는가? 어떻게 자연은 그리할 수 있는가?"[102]

기계론적인 세계관에서 본래적인 의미에서 발전은 존재할 수 없습니다. 사물들 사이의 모든 차이점들은 그것이 아무리 크다고 할지라도 결국에는 우연적이며 양적(quantitatief)입니다. 여기에서는 아무것도 **생성되지**(wordt) 않습니다. 왜냐하면 아무것도 생성될 **필요가 없으며**(behoeft), 생성**되어야 하지도**(moet) 않기 때문입니다. 기계론적 세계관에서는 어떠한 목적도, 어떠한 출발점도 없습니다. 그리고 발전이라는 것은 바로 이 두 가지 [즉, 목표와 출발점]을 전제로 합니다. 발전이라는 개념은 어떤 하나가 다른 하나를 향하여 가도록 인도하는 길을 묘사합니다. 발전은 오직 사물들이 어떤 것일 때, 어떤 '본성'을 가질 때, 그것들의 모든 속성들과 작용들에 관한 원리(principium)와 뿌리(radix)를 가질 때, 그리고 그것들이 그들의 본성을 따라서 무엇인가가 되어야만 하며 어떤 목적에 부응해야만 할 때 가능합니다. [59] 그리하여 발전은 기계들과 도구들을 통하여서가 아니라, 그것

---

102 Liebmann, *Gedanken und Thatsachen*, 2.1:142.

제2장 존재와 생성

이 물질적이든 정신적이든 오직 유기적인 존재를 통해서만 가능합니다. 왜냐하면 비록 물질과 정신이 본질적으로 구분되어 있다고 할지라도, 잠재태와 현실태, 유와 종차, 존재와 본질을 함께 가지는 한에서는 피조된 정신적 존재들에게도 어떤 질료(*materia*)가 귀속되기 때문입니다.[103] 하나님만이 오직 절대적인 존재이시며 '스스로 존재하는 자'[104]이십니다. 그러나 모든 피조물들은 영적인 존재이든 심리적인 존재이든 생성의 법칙에 예속되어 있습니다. 그것들은 무엇인가로서 존재하기 때문에, 무엇인가가 되어야 하며 될 수 있습니다. 왜냐하면 모든 피조물들은 그것들을 지배하며 어떤 특정한 방향으로 인도하는 어떤 본성(natuur), 어떤 형상(*forma*)을 가지기 때문입니다. 그러한 본성은 마치 모든 물체 가운데 울려 퍼지는 하나님의 음성(θειος φωνη)과도 같으며, 그것은 사물들에 내재하는 통상적인 하나님의 힘(*vis Dei ordinaria rebus insita*)입니다.[105]

그런데 하나님의 지혜와 힘이 모든 사물 안에서 작용하고 있기 때문에, 더 나아가서 세계가 그 전체에 있어서 발전한다고도

---

103 Alsted, *Encyclopedia, septem tomis distincta*, 3:631, 643.

104 역자주. "Ik zal zijn, die Ik zijn zal." 또는, "내가 존재하기를 원하는 바로 그러한 자로서 내가 존재할 것이다."

105 Alsted, *Encyclopedia, septem tomis distincta*, 3:676.

기독교 세계관

말해질 수 있습니다. 물론 세계에는 목적이 없는 무생물인 사물들이 많이 있고, 그것들에 대해서는 엄밀한 의미의 발전을 논할 수 없습니다. 그럼에도 불구하고 [무생물인] 사물들[조차도] 세계 전체의 유기적인 부분들로서 파악되고, 그러한 세계 전체도 하나의 유기체로서 어떤 불변의 법칙을 따라 발전하며, 어떤 목표에 도달하기 위해 분투합니다. 기계론적 세계관에서는 이러한 믿음이 들어설 자리가 없습니다. 기계론적 세계관에서는 영원한 만물의 흐름(πάντα ῥεῖ)만이, 존재의 대양(oceaan) 가운데 단조로운 파도의 부딪힘만이 있을 뿐입니다. 어디에 도달하는 것도, 무엇인가를 획득하는 것도 없습니다. 이 세계가 지나고 나면 이 모든 것이 무슨 소용이 있었는가 하는 절망적인 질문만이 남아 있게 됩니다.[106] [60] 그러나 유기적 세계관, 즉 기독교 세계관은 우리에게 만물과 세계 전체의 발전에 대해 말할 수 있는 권리를 제공합니다. 왜냐하면 기독교 세계관에서는 시간의 경과 속에서 실현되어야만 하는 하나님의 생각이 있기 때문입니다. 하나님께서는 자기 자신을 위하여 모든 것을 창조하셨습니다. 그분은 모든 것을 당신의 이름의 영광을 위하여 사용하십니

---

106 Friedrich von Hellwald, *Kulturgeschichte in ihrer natürlichen Entwicklung bis zur Gegenwart*, 3rd ed., 2 vols. (Augsburg: Lampart & Comp., 1883-1884), 2:727.

제2장 존재와 생성

다. 그분으로부터, 그분을 통하여, 그분을 향하여 만물이 존재
합니다.[107]

전체에 있어서와 마찬가지로 부분에 있어서도 이러한 발전
이 어떠한 방식으로 어떤 법칙들에 따라 일어나는지는 많은 경
우 우리에게 아직 숨겨져 있습니다. 화학은 그 어떤 때보다 원
소들의 본성, 유사성, 연결 방식들에 대해 더욱 깊이 파고들었
습니다. 생리학은 번뜩이는 발명품들의 도움으로, 그리고 정밀
한 실험적 연구를 통해서 [놀라운 발전을 이루었습니다.] [그
래서 우리는] 호흡, 혈액 순환, 소화, 신진대사, 혈액 제제(血液
製劑), 감각 기관들과 뇌의 작동 방식 등과 같은 유기체의 기능
들을 이전보다 더 잘 알게 되었습니다. 식물학자들과 동물학자
들은 세포, 원형질(原形質), 핵과 같은 생명 현상들을 엿보았습

---

107 발전의 이념에 관해서는, Herman Bavinck, *Schepping of Ontwikkeling*
(Kampen: J. H. Kok, 1901), 39ff. 외에 다음 등을 참조하라. Tilmann Pesch,
Die grossen Welträtsel: Philosophie der Natur, 3rd ed., vol. 2 (Freiburg
im Breisgau: Herdersche Verlagshandlung, 1907), 128ff.; Heinrich Pesch,
Liberalismus, Socialismus und christliche Gesellschaftsordnung, 2nd ed.,
vol. 3 (Freiburg im Brisgau: Herdersche Verlagshandlung, 1900), 257; Max Reischle,
"Wissenschaftliche Entwicklungserforschung und evolutionistische
Weltanschauung," *Zeitschift für Theologie und Kirche* 12 (1902): 1-43;
Abraham Kuyper, *Evolutie* (Amsterdam: Höveker & Wormser, 1899); Ambrosius
Arnold Willem Hubrecht, "De evolutie in nieuwe banen," *De gids* 66/2
(1902): 12-35; M. Heinze, s.v. "Evolutionismus," in *PRE*³ 5:672-681; Eucken,
Geistige Strömungen der Gegenwart, 185ff.

니다. 잉태의 과정은 현미경을 통해 조사되고 확인되었습니다. [61] 그러나 이 모든 연구들은 어떤 확정된 결과에 아직 도달하지는 못했습니다. 유기체들의 발생과 번식에 관하여서는 연구자들의 수만큼이나 많은 가설들이 있으며, 어떤 가설들은 다른 가설들보다 옹호하는 것이 더 어렵습니다.[108] 오직 활력론(vitalisme)만이 최근에 영향력을 얻고 있습니다.[109] 전성설(前成說, praeformatie)과 후성설(後成說, epigenesis), 활력론과 반활력론, 목적론과 (기계론적) 인과론, 내재적 목적론과 초월적 목적론 사이의 경쟁 속에서 이제 주된 질문은 항상 다음과 같습니다. 곧, 유기체의 형성은 어떤 비물질적인 원리, 어떤 이념의 지배 하에서 일어나는가, 아니면 단지 "맹목적인 필연적 법칙들을 따라" 일어나는 것인가[, 또] 유기체는 자신의 변화의 시초인가 아니면 결과인가 [하는 것입니다.][110]

비록 현재의 학문에게 관건이 되는 것은 최근의 경향에서 볼 수 있듯이 유기체를 기계론적으로 파악하는 것이지만, 이전 사람들은 기계적인 것을 유기적으로 파악하기 원했습니다. 그리

---

108 Kuyper, *Evolutie*, 27-32.

109 Von Hartmann, "Mechanismus und Vitalismus in der modernen Biologie," 369-377.

110 Otto, "Die mechanistische Lebenstheorie und die Theologie," 202. 역자주. Otto는 Schwann의 말을 인용하나, 서지정보는 제공하지 않는다.

하여 당시 발생(generatie)이라는 개념은 오늘날보다 훨씬 더 포괄적인 의미를 가졌는데, 지금은 오직 유기체적 존재자들에게만 적용됩니다. 이전에는 무생물적 피조물들의 발생, 가령, 열기의 상승으로부터 유성들이 어떻게 발생되는지에 대해 논했는데, 이 점은 [오늘날과 다른 종류의] 생성 개념이 통용되었음을 보여줍니다.[111] 의심의 여지없이 이것은 지식의 부족에 기인합니다. 사람들은 이러저러한 변화의 자연 과학적 원인을 알지 못했을 때에, 그것에 대한 형이상학적인 설명을 제시했고, 많은 경우에 사정이 이와 같았습니다. [62] 유기체와 비유기체 사이의 경계가 분명하게 구분되지 않았기 때문에, 사람들은 종종 무생물에게 비가시적 요소, 영혼, 성체(星體, astrum) 등을 부여했습니다. 그리고 물질과 몸은 그 자체로는 죽은 것이며 움직임이 없는 것으로 파악되었기 때문에, 사람들은 모든 작용들을 비밀의 장인(匠人, faber occultus), 아르케우스(archaeus), 번식적 존재와 능력적 존재(ens seminis et virtutis) 등에게 돌렸습니다.[112] 반대로 최신 학문을 통해서 우리는 기계적인 것의 지배

---

111 Alsted, *Encyclopedia, septem tomis distincta*, 3:677.

112 Alsted, *Encyclopedia, septem tomis distincta*, 3:692, 693.

역자주. 백과사전을 편찬한 Transylvania 지역 칼빈주의 신학자 알슈테드 (Johann Heinrich Alsted, 1588-1638)는 15-16세기의 연금술사이자 점성술가인 파라켈수스(Paracelsus, 1493/4-1541)의 형이상학 개념들을 차용한다. 위에서 언급된 개

가 이전에 이해되었던 것보다 훨씬 광범위해서, [가령] 유기 화학이 [원래는] 유기체에 속했던 영역들을 생리학으로부터 빼앗아오기도 함을 봅니다. 눈이라는 것은 광학의 법칙에 따라 설비된 암실(*camera obscura*)이고, 귀는 정교한 청각 장치이며, 혈액 순환은 다른 모든 액체들과 마찬가지로 동일한 유체 정역학적(hydrostatische) 법칙을 따릅니다. 심지어 뵐러(Wöhler)는 '요소'(尿素)[113]가 인공적으로 만들어질 수 있는 결합이라는 사실을 발견했고, 그 이후로, 오랫동안 생명의 힘으로부터만 얻어질 수 있는 산물이라고 여겨졌던 다른 많은 탄소 결합들을 인공적 조합으로 만들어내는 것에 성공했습니다.[114]

그러나 이 점은 이전에도 그렇게 이해되었듯, 발생에 있어서

넘들은 외적인 별(*astrum externum*)과는 구분되는 내적인 별들의 이름이다. 위의 인용문에서 알슈테드는 이것들로부터 사물들의 색깔과 모양 등이 결정된다고 한다. 비밀의 장인(*faber occultus*)은 사람을 지배하는 영적인 원리의 이름이다. 아르케우스(*archaeus*)는 아스트랄계(astral plane)의 가장 낮고 농밀한 단계의 존재층을 일컬으며, 물질과 생명의 회색지역으로서, 물질이 영적인 존재로 올라가기 시작하는 곳이다. 번식적 존재(*ens seminis*)는 인간의 육체의 원리이며, 능력적 존재(*ens virtutis*)는 영적 원리로서 번식적 존재로부터 추출되어 덕과 탁월함을 관장한다. 백과사전 편찬자로서 알슈테드는 당시의 화학인 연금술의 영향을 받았지만, 인간을 지배하는 것은 외적인 별이 아니라 내적인 별이라고 한정한다. (참조: https://en.wikipedia.org/wiki/Archeus ; https://gnosticteachings.org/glossary/e.html 2019년 2월 20일 오후 5:00 접근.)

113 역자주. 또는 유레아, 곧 포유류의 소변 안에 들어 있는 성분.

114 Hertwig, *Die Entwicklung der Biologie im 19. Jahrhundert*, 19, 20.

어떤 원리가 내재되어 있다는 것을 바꾸지는 않습니다. 이 발생의 원리는 유기적 세계관에 있어서 매우 중요하며 새로운 학문을 통하여 확증되고 있습니다. 화학에서는 오직 유사한 원소들끼리만 결합이 있을 수 있다고 가르칩니다. 합성은 임의적이지 않으며 법칙들을 따라 일어납니다. 이는 원소들의 어떤 특정한 양과 질이 정해져 있음을 전제로 합니다. 아무것이나 아무 방식대로 결합할 수 없습니다. [63] 이러한 결합의 과정에도 질서와 규칙이 있습니다. 더 나아가 이러한 방식으로 결합되어 생겨난 것은 이미 있었던 것이지만 동시에 그럼에도 새로운 것입니다. 그리고 이렇게 생겨난 물체는 결합에서 취해진 각각의 부분들과는 다른 속성들을 가집니다. 화학적으로 결합된 물체들은 그것들의 화학적 구성 요소들과 다릅니다. 물은 각각 분리되어 있는 수소와 산소와 본질적으로 구분됩니다. 황산은 황과 산소와는 또 다른 어떤 것입니다. 마치 '영혼'(ziel)이라는 단어가 내는 소리가, 그 단어의 각각의 글자들[z, i, e, l]이 내는 소리와 동일하지 않은 것처럼, 모든 화학적 결합은 결합되기 전의 각각의 원소들로부터 우리가 파악하는 성질들과는 다른 더 높은 성질들을 가집니다.[115] 종합 속에서 각각의 원소들은 자기의 존재와

---

115 Joseph Kleutgen, *Philosophie der Vorzeit*, 2 vols. (Insbruck: Felician Rauch, 1878), 2:314-335; Stöckl,* II 269. *역자주. 바빙크는 여기서 불완전한 서지정

기독교 세계관

특성이 풀어져서 더 높은 단계로 올라갑니다.

결국 사람들은 이러한 원소들의 결합뿐만 아니라 분해까지도 인공적으로 만들어낼 수 있기 때문에, 이러한 화학적 과정을 알며 파악하고 있다고 스스로 생각합니다. 그러나 이것은 완전히 맞는 말은 아닙니다. 하나의 사실을 밝혀내는 것은 [어떤 대상 자체를] 해명하고 꿰뚫어 보는 것과는 전혀 다른 것입니다. 절대적인 관점에서 모든 화학 원소는 그것들의 본질, 속성, 작용에 있어 신비로운 것들입니다. 우리가 관찰할 수 있는 가장 작은 물체라고 할지라도, 그것은 그 자체로 또 하나의 세계입니다. 원자들과 분자들, 뒤나미드들과 에너지들의 본성은 우리에게 완전히 알려지지 않은 것으로 남아 있습니다. 우리는 어떤 한 현상이 다른 현상을 따른다는 법칙들을 부분적으로는 확정할 수 있습니다. 그러나 "이때 내부에서 일어나는 것, 곧 한 현상이 다른 현상으로 이행하는 것이 일어나게끔 만드는 미리 주어진 것은 숨겨진 채 영원히 비밀로 남아 있습니다."[116] [64] 그리고 원소들의 화학적 결합과, 그 결합의 결과로 나오는 새로운 것들도 마찬가지로 비밀스러운 것으로 남아 있습니다.

보만을 제공하고 있다. 아마도 Albert Stöckle, *Lehrbuch der Philosophie*, 3 vols. (Mainz: Franz Kirchheim, 1876), 2:269를 말하는 것 같다.

116 Johannes Wilhelm Classen, *Naturwissenschaftliche Erkenntnis und der Glaube an Gott* (Hamburg: C. Boysen, 1903), 18.

제2장 존재와 생성

물론 유비(analogie)는 동일성을 담보하지 않습니다. 그러나 유기적인 세계에서 발생에 관해 일어났던 것과 유사한 문제가 비유기적 세계에서도 이미 일어나고 있는 것처럼 보인다는 점은 분명합니다. 그것이 어떻게 일어나든지 간에, 우리는 화학적 결합으로부터 항상 어떤 새로운 것이 나타나는 것을 보는데, 이것은 기계적으로, 오직 이합집산을 통해서는 해명되지 않는 점입니다. 그리하여 이전에는 사람들이 모든 생성(worden)을 발생(generatie)이라고 칭했던 것입니다. 이것은 유사한 원소들만이 서로 결합하며, 동류의 것들끼리만 서로 짝을 이룬다는 것을 전제로 하는 주장입니다. 그러한 [상이한 것들의] 결합은, 형상과 질료, 유전적인 것과 가변적인 것, 구심력과 원심력, 정자와 난자, 남성적인 요소와 여성적인 요소가 서로 하나 될 때 일어납니다. 모든 씨앗은, 마치 그것을 위한 신성한 밀실(*divina favissa*)과도 같은, 그에 적합한 모체(*conveniens matrix*) 안에서만 발전할 수 있습니다.[117] 그리고 그 씨앗은 스스로 땅에 떨어지고 죽음으로써 어떤 새로운 것을 가져옵니다. 하나의 썩어짐은 다른 것의 발생입니다(*corruptio unius est generatio alterius*). (요 12:24)[118]

---

117 Alsted, *Encyclopedia, septem tomis distincta*, 3:693.

118 역자주. "내가 진실로 진실로 너희에게 이르노니 한 알의 밀이 땅에 떨어져 죽지 아니하면 한 알 그대로 있고 죽으면 많은 열매를 맺느니라(요 12:24)"

Ioannes 12:24-25a "24 Amen, amen dico vobis, nisi granum frumenti

기독교 세계관

그러므로 발전은 단지 점차적이고 완만한 변형(움직임, *motus*)을 통해서뿐 아니라, 이전에 일반적으로 받아들여졌던 것과 같이,[119] 그리고 지금 다시 휴고 드 브리스(Hugo de Vries) 교수가 보여준 바와 같이, 급속하고 긴박한 변화에서도, 즉 "매우 창조적인, 말하자면 무한한 창조적 자유의 충만으로부터 직접적으로 나타나는 새로운 형성"을 통해서도 일어납니다.[120] [65] 그리하여 유기적 세계관 위에 정초된 발전은 과연 어떤 발전이라는 점이 증명됩니다. [왜냐하면 유기적 세계관에서는] 모든 부분(deel)들이 그것의 전체(geheel) 안에, 그리고 이 전체가 그것의 총체성(totaliteit) 안에서, 하나님께서 정하신 바의 궁극 목적에 다가가기 [때문입니다.]

그러므로 유기적 세계관은 결국 철저히 목적론적인데, 이성주의에서와 같이 이성적인 인간을 만물의 척도와 목표로 간주

---

cadens in terram, mortuum fuerit, / 25 ipsum solum manet: si autem mortuum fuerit, multum fructum affert (Vulgata)."
바빙크가 사용한 위의 직접적인 표현은 성경 말씀이 아닌 아리스토텔레스의 『형이상학』 2.994b 5-6에서 유래한다. "왜냐하면 하나의 파괴는 다른 것의 생성이기 때문이다 (ἡ γὰρ θατέρου φθορὰ θατέρου ἐστὶ γένεσις)."

119 Leonhard Schmöller, *Die Scholastische Lehre von Materie und Form* (Passau: Passavia, 1903), 15, 19.

120 Ludwig Kuhlenbeck, *Natürliche Grundlagen des Rechts und der Politik* (Eisenach; Leipzig: Thüringische Verlags-Anstalt, 1904), 54.

제2장 존재와 생성

한다는 평범한 의미에서가 아니라, 성경이 우리에게 가르쳐주는 바 다음과 같은 더 높은 의미에서 그러합니다. 즉, 유기적 세계관에 따르면 존재하는 모든 것은 하나님을 통해서, 그리고 그의 영광을 위해서 존재합니다. 이러한 목적론은 우리가 자연과 역사에서 발견하는 인과 관계들과 결코 상충하지 않습니다.[121] '무로부터는 아무것도 나오지 않으며, 어떠한 결과도 원인이 없이는 일어나지 않는다'(*Ex nihilo nihil fit, en nullus effectus sine causa*)는 논리적인 규칙들은 아무도 반대할 거리를 찾지 못합니다. 그러나 원인에는 여러 종류가 있습니다. 목적론은 인과 관계의 법칙이 아니라 기계론적 관점과 상충합니다. 왜냐하면 기계론적 관점은 물체적 본성(natuur) 외에 그 어떤 본성도, 물질 외에는 그 어떤 실체도, 물리적인 힘 외에는 그 어떤 힘도, 그리하여 기계론적인 원인 외에는 그 어떤 다른 원인도 인정하지 않기 때문입니다. 그것은 피조세계의 풍성함을 그의 옹졸하고 편협한 체계 안에 욱여넣습니다. 그러나 유기적 세계관은 창조세계를, 그것의 실체들과 힘들, 원인들과 법칙들의 무한한 다양성과 더불어, 있는 그대로 받아들입니다. 뉴턴은 사물들의 이념들(형상들, *formae*)을 법칙들로 대체하려 했습니다. 그러

---

121 Herman Bavinck, *Gereformeerde Dogmatiek*, 2nd ed., 4 vols. (Kampen: Kok, 1908-1911), 2:63ff., 185ff. (『개혁 교의학』 2:99이하, 239이하)을 참조하라.

기독교 세계관

나 그것은 불가능하며, 위에서 언급된 바 실체적 형상들(formae substantiales)로 돌아가려는 최근의 움직임은 [뉴턴의 입장의 난점을] 충분히 드러냅니다. [66] 이념들(ideeën)과 법칙(wetten)들은 서로 구분됩니다. 이념들은 **존재** 방식(zijnswijze)을 표현하며, 법칙들은 피조물들의 **운동** 및 작용 방식(bewegings- en werkingswijze)을 표현합니다. 피조물들은 그것들이 어떻게 **존재**하는지에 따라 달리 작용합니다. 이러한 구분을 도외시하는 자는, 플라톤이 이념들을 실체화하고 신적인(daemonische) 능력들로 여겨 사물들 위에 떠다니게 만든 것과 같은 방식으로 법칙들을 실체화합니다.[122] 그러나 피조물들은 이념과 종류에 따라 서로 다르기 때문에, 각기 다른 법칙들을 따라 움직이며 작용합니다. 기계들과 유기체들, 물리적인 것과 심리적인 것, 자연과 역사, 머리와 마음, 이성적인 삶과 도덕적인 삶을 위한 법칙들이 전부 다릅니다. 심지어 기적의 세계조차도 고유한 생각과 법칙을 가집니다.

그런데 유기적 관점에서는 서로 구분되는 이런 모든 피조물들이, 그것들의 다양한 실체들, 이념들, 힘들과 법칙들과 더불어, 하나의 거대한 전체로서 취해지며 어떤 궁극적인 목적에 봉

---

122 Willmann, *Geschichte des Idealismus*, 3:215; Georg Sattel, *Begriff und Ursprung der Naturgesetze* (Paderborn: Schöningh, 1911).

사하는 것으로서 여겨집니다. 목적성(finaliteit)은 도처에 있어서 비유기적인 것과 유기적인 것들 안에도 존재합니다. 우리가 이 목적성을 자주 목격하지 않는다는 점은, 우리가 그것을 과연 보는 그때에 그곳에 목적성이 현존한다는 것을 보여줍니다. 그런데 또한 이러한 목적성은 도처에 인과성을 사용하여 그의 목적을 달성합니다. 마치 어떤 사람이 목적을 세우고 그 목적에 도달하기 위해 도구들을 사용하고 방법들을 마련하는 것처럼, 목적인들(causae finales)은 도처에 유효인들(causae efficientes)을 사용하여 자기 자신을 현실화합니다. 그러므로 전자[, 즉 목적인들은] 참된 원인들이며, 본래적인 의미에서 움직이는 자들입니다. 그리고 후자[, 즉 유효인들은] 그것들이 다만 현실화될 수 있는 조건들을 알려줄 뿐입니다. [67] 다윈주의(Darwinisme)는, 그것이 일말의 진리를 포함하고 있는 한, 적어도 발전을 일어나게 하는 조건으로서의 우연한 원인들을 우리에게 알려줍니다. 그러나 그러한 발전이 왜 일어났으며, 어디로 향하여 가는 것인가 하는 질문의 대답은 우리의 책임으로 남아 있습니다.[123] 그 대답은 다윈을 통해서 우리에게 주어지지 않으며, 플라톤과 아리스토텔레스를 통해서도 주어지지 않되, 오직 하나님께서 창

---

123 Liebmann, *Zur Analysis der Wirklichkeit*, 354; Liebmann, *Gedanken und Thatsachen*, 2.1:163ff.

조주이시며 그의 영광이 만물의 목적이라는 기독교의 고백을 통해서만 주어집니다. 모든 것은 하나님의 영광을 위해서 존재하며 하나님의 영광을 향하여 인도됩니다.

[그러나] 이러한 방식으로 고찰된 목적인들은 작용하는 원인들을 통해서 외부에서부터 급습하며, 좋든 싫든 그것에 복종하도록 강요하는 교활한 적이나 낯선 침입자가 아닙니다. 오히려 목적인들은 사물 자체 안에서 그것들을 형성하며 주도하는 원리들(*principia*)이며, 하나님의 능력을 통해 지속되는 힘들로, 피조물들로 하여금 발전의 길을 가게 하며, 사물들의 움직임에 방향을 부여합니다.[124] 이때 물론 피조물들이 다양한 만큼, 그것들에 내재한 '목적 이념'(Zweckgedanke)의 등급과 정도도 다양합니다. 폰 베어(K. E. von Baer)에 따르면, '합목적성'(Zweckmässigkeit)과 '목적 추구 경향'(Zweckstrebigkeit)이 구분되며, 초월적 목적론과 내재적 목적론이 구분됩니다. 기계가 아무리 어떤 목적을 위하여 사용되더라도, 그 목적은 항상 기계에게 내적으로 낯선 것으로 남아 있습니다. 그러나 피조물들은 그들이 얼마나 유기적인 존재인지에 따라, 목적인을 자기 안의 이념으로서 취하며, 그것들 스스로가 그 이념을 현실화하기 위해

---

124 Trendelenburg, *Logische Untersuchungen*, 2:29, 30.

서 함께 일합니다.[125] [68] 그리고 가장 높은 관점에서 봤을 때, 온 세계는 하나의 유기적인 전체이며, 하나의 생각을 통해 만들어졌으며, 하나의 의지를 통해서 이끌어지며, 하나의 목적을 겨냥하여 가고 있습니다. 세계는 하나의 기계(μηχανη)인 동시에 기관(ὀργανον)이며, 하나의 기관인 동시에 기계입니다. 그것은 **자라나는 건축물**이며, **건축되어가는 몸**입니다. 그것은 최고의 예술가이자 만물의 설계자가 만든 작품입니다.[126]

---

125 Trendelenburg, *Logische Untersuchungen*, 2:79ff.

126 Bavinck, *Gereformeerde Dogmatiek*, 2:460-465 (『개혁 교의학』 2:547-553) 참조.

기독교 세계관

생성과 행동

제3장

1 ——— 진화를 바탕으로 규범들을 포기하는 세계관들

[69] 그러나 이 세계관의 조화는 다음의 날카로운 대조, 특히 세 번째의 문제 생성과 행동의 문제에 맞닥뜨릴 때에 방해를 받습니다. 사건의 흐름 속에서 인격적이며 자립적이고 자유로운 행동을 위한 자리는 여전히 존재합니까? 우리는 충분한 근거를 가지고서 "나는 생각한다, 나는 의욕한다, 나는 행동한다"라고 대담하게 말할 수 있습니까? 아니면 "번개가 친다(es blitzt)고 말할 때와 같이 우리는 무엇인가가 생각한다(es denkt)고 말해야 한다"는 리히텐베르크(Lichtenberg)의 말이 참된 것입니까?[127]

---

127 역자주. Georg Christoph Lichtenberg, *Gedanken und Maximen: Lichtstrahlen aus seinen Werken* (Leipzig: F. A. Brockhaus, 1871), 209. Georg Christoph Lichtenberg (1742-1799)는 독일의 물리학자이자 풍자작가이다. 그는 자아가 스스로를 생각의 대상으로 삼을 때, 대상이 된 자아는 타자적이라는 점에 착안하여, 모든 생각은 그 근원에 있어서 비인칭적인, "주체 없는 행동(agency without an agent)"이라고 주장한다. Günter Zöller, "Lichtenberg and Kant on the Subject of Thinking," *Journal of the History of Philosophy* 30 (1992), 428 참조.

기독교 세계관

신지론(theosophie)의 비인격적이고 중립적인 그것(HET)이 다른 모든 것들을 추진시키는 유일한 힘입니까, 아니면 사물들의 총합은 여전히 인격성과 자유에게 [활동할] 여지를 남겨 둡니까? 자연(physis)만이 존재합니까, 아니면 실천(ethos)도 존재합니까?

우리가 이 질문에 대해 생각하려고 하자마자, 실제로 우리가 자유롭든지 그렇지 않든지 간에, 우리가 자유롭지 않을 수 있는 자유는 그 어떤 경우에도 없다는 이 놀랍고 반박할 수 없는 사실에 우리는 붙잡히게 됩니다. 자유가 실제로 있는지, 심지어 그것이 가능한지는 논쟁의 여지가 있더라도, [우리가] 자유의 권리와 의무[를 가지고 있다는 사실은] 논쟁의 여지가 없습니다. 우리는 어떤 사건이 일어날 때에 단지 수동적으로 침잠하거나 삶이라는 강물 위에 마음 편히 떠다닐 수 있는 자유가 없습니다.[128] [70] 왜냐하면 우리가 깨어나 의식을 갖자마자, 우리로 하여금 자연을 뛰어넘고, 자연의 강제로부터 해방될 것을 요구하는 법칙들(wetten)과 규범들(normen)이 우리 위에 존재하고 있다는 것을 발견하게 되기 때문입니다.[129] 자연을 통해서 계시

---

[128] Liebmann, *Gedanken und Thatsachen*, 2.1:179ff.

[129] Jhr. B. H. C. K. van der Wijck, "De wereldbeschouwing van een nederlandsch wijsgeer," *Onze eeuw* 5/4 (1905): 129-157에서 Van der Wijck 는 [G.] Heymans 교수의 *Einführung in die Metaphysik*에 관해 논하면서, 물리적인 것과 심리적인 것의 구분보다 인과성과 규범성에 관한 질문이 더욱 중

되는 세계와는 또 다른 더 높은 차원의 세계가 이 규범들을 통해서 우리에게 알려집니다. 그것은 **필연**(moeten)의 세계가 아니라, **의무**(behooren)의 세계, 윤리적 자유와 선택의 세계입니다. 이 규범들 안에서 어떤 도덕적인 세계 질서, 이념들의 세계, 진리와 선함과 아름다움의 세계가 경험적 현실 속에서 그리고 그것 위에서 유지되고 있습니다. 도덕적 세계는 모든 강제들을 내려다보되, 그것이 가지는 도덕적 성격의 힘은 과연 자연의 힘을 능가합니다. 인간이 [도덕] 법칙들에 순종할 수 있는지, 또는 순종하고자 하는지는 문제가 되지 않습니다. [도덕 법칙]은 인간이 그것을 해야 한다고 정언적으로(定言的, categorisch) 명령합니다. 그대는 참된 것, 선한 것, 아름다운 것을 온 마음을 다해 사랑해야 하며, 그대는 그 무엇보다 하나님을 사랑하고, 이웃을 네 몸 같이 사랑해야 한다[고 말입니다.]

이러한 현상은 인상 깊으며 장엄합니다. 세계에서는 어디서나 엄밀한 인과성이 지배합니다. 그 어떤 것도 우연히 일어나지 않으며, 모든 것은 그것의 원인을 가집니다. 그러나 도덕적인 세계 질서에서는 그러한 인과성을 고려하지 않는 것처럼 보이는 힘이 우리 앞에 나타납니다. 이 도덕적인 힘은, 우리가 우

요함에도 불구하고, Heymans 교수는 오직 법칙들에 대해서만 말하고, 규범들은 언급하지 않는다는 점에 주목한다.

기독교 세계관

리의 무능과 무지를 호소하더라도 들어주지 않으며, 어떤 변명과 눈가림도 받아들이려 하지 않고, 선한 의도들과 엄숙한 약속들로도 만족하지 않습니다. 양심과 협상하는 것은 불가능합니다. [71] 하지만 양심은 우리 모두가 예외 없이 언제나 어디서나 삶의 모든 사소한 부분들까지도 그의 명령을 따라서 행동해야 한다고 요구합니다. 진리와 선함과 아름다움은 사람의 전 인격을 점령하며, 그것들을 위해 복무하는 것을 결코 면제시켜주지 않습니다. 인간은 기나긴 발전 과정의 끝에 이르러서가 아니라 바로 지금 이 순간, 그리고 항상 철두철미하게 도덕적 이상에 부응해야 하며, 하늘에 계신 인류의 아버지께서 그러하신 것처럼 완전해야 합니다. 그리고 우리는 이러한 요구가 정당하다는 것을 마치 본능적으로 알기 때문에, 우리 스스로도 항상 다른 사람들을 그러한 도덕적 이상에 따라 판단합니다. 우리는 우리에게 일어나는 일들에 무관심한 구경꾼들이 아니라, 모든 것들을 참되고 선하고 아름다운 것들의 법칙에 따라 시험하며, 그것들에 대한 찬성과 반대를 언명합니다. 어떤 일이 우리 자신과 관련된 것이라면, 우리는 사리사욕 때문에 통상적으로 많은 변명거리를 늘어놓을 준비가 되어 있습니다. 그러나 우리는 다른 사람들에게 이러한 변명이 통하도록 결코 놔두지 않으며, 그들에게 가장 엄격한 잣대를 들이댑니다. 그리고 이론적으로는 아니더라도 실제로는, 또 추상적인 경우가 아니더라도 각각의 구체적인 경우에서는 그들이 달리 존재하고 달리 행동했어야 했다고 요구합니다. 이와 같이 우리는 경험적 현실에 안주하지 않으며 [사람들의] 언술들에 만족하지 않습니다. 우리는 우리가 실제로 존재하고 행동하는 것과 달리 존재하고 행동해야 한다고 우리를 꾸짖는 어떤 법을 우리 안에 가지고 있습니다. 우리는 가치 판단들을 형성하며 이상적인 것들에 대해 믿으며 불변하고 영원한 규범들을 고수합니다.

[72] 그렇다면 이 규범들은 어디로부터 왔습니까? 그것들은 일종의 자기기만입니까? 그것들은 요술에 대한 믿음이나 정신 착란자들의 망상과도 같이 인간 정신의 병리학에 속하는 주제들입니까? 인간의 의식 안에 하나님의 존재가 확고했더라면, 이러한 질문은 생기지 않았을 것입니다. 그분의 존재를 통해서 모든 권위와 법의 근원이 설명됩니다. 그러나 근대의 학문이 등장하고 [인간이] 스스로를 모든 믿음과 종교로부터 해방시켰을 때, 도덕 법칙들을 포함하여 모든 법칙들의 기초가 흔들리게 되었습니다. 초자연주의(supranaturalisme)와 이성주의(rationlaisme)는 여전히 자연 신학과 각종 다른 신학들(physico- en allerlei andere theologie)에 있어서 옛 입장을 고수하려 했지만, 그것들이 [각종] 공격에 견디는 것처럼 보이지는 않았습니다. 바로 이러한 시대적 상황 가운데 칸트(Kant)가 등장하여 도덕 법칙을 인간 본성의 본질이라는 다른 확고한 토대 위에 세우려 했습니

다. 그러기 위해서 그는 우선 학문의 한계를 제시했습니다. 왜냐하면 믿음을 위한 자리를 마련하기 위해서 그는 먼저 앎에 있어서 거대한 영역을 미리 없애야 했기 때문입니다. 칸트의 견해에 따르면, 지성(verstand)은 경험적 실재(werkelijkheid)에 매여 있으며 그것을 넘어 앞질러갈 수 없습니다. 지성은 보이지 않는 영원한 사물들에 관해 아무것도 알지 못하며, 하나님과 영혼과 불멸성에 관하여 어떠한 확실성도 얻을 수 없습니다. 사람이 만약 지성 외에 아무것도 가지지 않았더라면, 그는 이 모든 것들에 대해 아무것도 알지 못할 것입니다. 그러나 그에게는 또한 실천적 이성(practische rede), 곧 마음과 양심이 있어서 이것을 통해서 자기가 어떤 절대적인 법칙, 이상적 규범들에 매여 있다는 것을 느끼게 됩니다. 이러한 도덕적 매여 있음은 인간 본성 안에 기반을 두고 있습니다. 그것은 선험적으로 주어진 것(een apriori)으로, 경험으로부터 도출될 수 있는 것이 아닙니다. 이러한 주어짐으로부터 칸트는 출발합니다. 그에게 있어서 의무의 절대적 타당성은 도덕, 신학 및 종교의 토대가 됩니다. 학문의 영토로부터 추방된 철학은 필연적으로 또는 일반적으로 정당한 가치 규정들에 관한 탐구를 자신의 과업으로 받습니다.[130]

---

130 Wilhelm Windelband, *Präludien* (Tübingen & Leibzig: J. C. B. Mohr, 1903), 1-57, 119-154; Wilhelm Windelband, *Immanuel Kant und seine*

[73] 그리하여 칸트는 의무의 절대적·무조건적 타당성으로 돌아감으로써 그의 시대의 도덕에 특출나게 공헌했음을 증명했습니다. 칸트가 이상적 규범들로 하여금 인간의 자기 결정과 사리 추구를 뛰어넘는 고차원적인 것이 되도록 하는 데 심혈을 기울였다는 점에는 의심의 여지가 없습니다. 그럼에도 불구하고 과연 그가 그의 비판이 목적으로 삼은 도덕을 위한 새로운 토대를 마련하는 데 성공했는지는 여전히 물음이 남아 있습니다. 처음에는 그것이 성공한 것처럼 보였습니다. 그러나 19세기에 사람들이 역사의 의미에 눈 뜨게 되면서, 진화 사상을 학문에 전반적으로 적용했을 때, 과연 인간의 본성에 의무 의식이 객관적이고 불변적으로 주어져서 사람들이 도덕적 삶에 관한 연구를 안정적으로 수행할 수 있는지에 대해 많은 사람들은 의심하기 시작했습니다. 자연(physis)의 영역에서는 예외 없이 인과성의 법칙이 유효하고 학문이 발언권을 가지되, 윤리(ethos)의 영역에서는 갑자기 그러한 인과 관계가 멈추어 믿음을 위한

Weltanschauung (Heidelberg: Carl Winter, 1904). 칸트가 어느 정도까지 형이상학을 받아들였는가 하는 질문에 대해서는 매우 다양한 견해들이 있다. 이 점에 있어서는 다음을 참조하라. A. Bruining, "Kant en het Rationalisme," *Nieuw Theologisch Tijdschrift* 1 (1912): 217-245; A. Bruining, "Kants' kennisleer en de wijsgeerige Theologie," *Nieuw Theologisch Tijdschrift* 1 (1912): 392-421.

자리가 마련된다는 방식으로, 자연과 윤리가 이원론적으로 분리될 수 없었습니다. 오히려 인간은 심리적으로도 물리적으로도 느닷없이 존재하게 되지 않았습니다. 인간은 역사적으로 생성된 존재입니다. 의무에 대한 의식과 도덕 법칙은 그의 안에서 점진적으로 형성되었고, 이에 관해서는 상이한 시대들과 심지어 동일한 시대에서도 사람들과 민족들 사이에 윤리 의식이 서로 다르다는 점이 그 증거입니다. 사람은 그의 도덕적인 존재(wezen)에 있어서도 환경의 산물입니다. [74] 여하튼 칸트 자신은 의무에 대한 의식과 도덕 법칙들의 근원과 본질을 설명하는 데 하나님이 필요하지 않다는 견해를 항상 지녀왔습니다. 그는 순서를 바꾸어서 도덕을 종교 위에 세우는 것이 아니라 종교와 신학을 도덕 위에 세우려고 했습니다. 그리고 그는 도덕적 삶을 하나님 없이 오직 인간으로부터만 해명하려고 노력했습니다. 칸트는 인간을 자율적인 존재로, 자기 스스로의 입법자(wetgever)로 만들었습니다. 사람이 선험적 직관의 형식들과 지성의 범주들로써 현상적 세계를 만들어내듯이, 그는 자신의 '실천적 이성'의 고유한 구조를 통해서 도덕적 질서를 불러일으킵니다. 이때 도덕에서의 이러한 자율의 원리가 만약 [다음과 같이] 그것의 개인주의적 성향에서 벗어나 역사적으로 받아들여졌더라면 이것은 더욱 설득력 있어 보였을 것입니다. 진화의 과정 속에서 점차 도덕적 삶과, 권위 및 의무에 대한 의식, 이타적인 본능과 윤리적 동기들이 현존하도록 하며 그것들에게 일반적 타당성을 부여하는 것은 다름 아닌 인류[라고 말입니다.][131]

칸트를 향한 이러한 비판은 충분히 일리가 있었습니다. 비판자들은 칸트 자신이 사용했던 무기들을 가지고서 그에게 대항했습니다. [75] 이러한 역사적 관점은 더구나 처음 도입되었을 때에 큰 매력을 지녔습니다. 이 관점은 점진적 발전과 유기적 성장을 고려했고, 종종 종교적 윤리적 현상들에 관한 놀라운 통찰을 보여주었습니다. 그러나 [역사에의] 적용이 지나칠 때 그것은 결국에 많은 것을 잃게 되었습니다. 만일 모든 것이 과정 속으로 용해되어버린다면, 참과 거짓, 선과 악, 아름다움과 추함에 관한 이념적 규범들은 절대적 성격을 더 이상 유지할 수 없게 됩니다. 왜냐하면 "오늘 참이거나 내일 참이게 될 것이라는 말은 터무니가 없으며, 만일 어떤 것이 참이라면 그것은 어떤 시간에도 참이거나, 오히려 시간과 관계없이 참이기 때문입니다."[132] 이념들의 변증법적 발전 과정 속에서, 그리고 현상들

---

131 Windelband, "Normen und Naturgesetze," in *Präludien*, 249-286에 의하면, 영혼의 삶(zieleleven)조차도 불변하는 자연 법칙들을 통해 지배되며, 그것의 규범들은 필연적 사건의 가치를 평가하는 규칙들이다. 규범들은 근원적으로 그리고 본질적으로 자연 법칙들과 구분되지 않으며, 오히려 그것들 자체가 점차 자연적 필연성을 따라 생겨난다. 이 규범들은 사람으로 하여금 (역시 자연적 필연성을 따라서) 더 높은 도덕적인 관점으로 올라가게끔 하는 수단으로서 자연에게 기여한다.

기독교 세계관

의 점진적인 진화 속에서는 절대적인 것(het absolute)을 위한 자리가 없습니다. 정신의 삶(het geestesleven)을 온전히 운동에게만 맡기는 사람은 안에서부터 전복되며, 견고한 토대 위에 세워질 수 있는 어떠한 가능성도 스스로 빼앗기고 맙니다. 심리학과 역사에 아무리 진지하고 광범위한 연구가 바쳐진다고 하더라도, 인간의 경향들과 행동들을 섬세하게 분석하는 것을 통해서 윤리학을 도출할 수 없고, 종교 심리학과 종교 역사학을 통해서 참된 종교를 발견할 수 없으며, 사회적 본능들을 면밀하게 탐구한다고 해서 공동체를 조직할 수 있는 것은 아닙니다.[133] 존재 자체가 생성을 토대 짓지 않는 한, 생성으로부터 존재로 이행하는 것은 불가능합니다.

[76] 그러나 사람은 항상 어딘가에 고정되어 있을 필요를 느끼기 때문에, 이러한 편파적인 역사적 관점을 가질 때에, 거짓된 국가주의, 편협한 우월주의(chauvinisme)를 갖게 되거나, 인종과 본능에 집착하게 되는 심각하고도 상상 속에만 있지 않은 위험이 갑자기 일어납니다. 범게르만주의, 범슬라브주의 등은 이에 대한 증거를 제공하며, 고비노(Gobineau)와[134] 『교육자로서

---

132 Eucken, *Geistige Strömungen der Gegenwart*, 208.

133 Willmann, *Geschichte des Idealismus*, 3:33ff.

134 역자주. Arthur de Gobineau (1816-1882)는 프랑스 귀족 출신의 소설가이자 외

제3장 생성과 행동

렘브란트』(*Rembrandt als Erzieher*)의 저자에[135] 뒤이어, 체임벌린
(Chamberlain)은[136] 그것의 능숙한 대변인[이 되었습니다.] 규범
적인 것은 역사적인 것 안에서 찾아지고, 이념적인 것은 현실적
인 것과 동일시되며, 상대적인 것은 절대적인 것의 반열로 올라
가게 됩니다. 이를 위해서 심지어 가장 높고 거룩하신 분도 그
의 발등상으로부터 소환됩니다. [범게르만주의에 의하면,] 예
수께서 우리에게 어떤 권위를 행사하시고자 한다면, 아리아인
의 혈통에 접붙여지기를 승인하셔야 합니다. 모든 중요한 민족
들은 항상 그들의 종교의 창시자들을 가졌습니다. 페르시아인

교관으로, 아리아인의 우월성을 이론화시켰다. 그의 인종주의는 미국에서 노예
제도 지지자들, 독일에서 Richard Wagner, H. S. Chamberlain과 같은 반셈족
주의자들에게 감명을 주었다. (참조. https://en.wikipedia.org/wiki/Arthur_de_Gobineau
2019년 3월 9일 오전 2:00 접근.)

135 역자주. *Rembrandt als Erzieher* (1890)는 Julius Langbehn (1851-1907)의 대
표작 중 하나이다. 이 책은 무명('어떤 독일인 저')으로 출판되었는데, 선풍적인 인
기를 끌었다. 그는 물질주의, 민주주의, 산업화를 반대했고, 왕정 중심의 농경 계
급 사회로 돌아가야 한다고 주장했다. 그는 범게르만주의를 옹호했고, 독일은
그 국가적 우월성 때문에 국제질서에서 주도권을 가져야 한다고 주장했다. (참조.
https://en.wikipedia.org/wiki/Julius_Langbehn 2019년 3월 9일 오전 2:00 접근.)

136 역자주. Houston Stewart Chamberlain (1855-1927)은 영국 태생 독일 철
학자로, 범게르만주의를 전파하는데 영향력을 끼친 작가이다. 그는 "히틀러
의 세례 요한"이라는 별명을 가지고 있다. 대표작으로는 『19세기의 토대』*Die
Grundlagen des neunzehnten Jahrhunderts* (1899), 『아리아적 세계관』
Arische Weltanschauung (1905) 등이 있다. (참조. https://en.wikipedia.org/wiki/
Houston_Stewart_Chamberlain 2019년 3월 9일 오전 2:00 접근.)

기독교 세계관

들은 조로아스터를 가졌고, 인도인들은 부처를, 중국인들은 공자를, 유대인들은 모세를, 그리스인들은 호메로스(Homeros)를, 아랍인들은 모하메드를 가졌습니다. 아리아인들 중 가장 선진화된 종족인 게르만족은 [유대인 예수와 같은] 인물로부터 나올 수 없으며, 유대인들 같은 민족과 함께 학교를 다녀서 이루어진 것이 아닙니다. 이런 것을 믿을 수 있다면 참 어리석은 일입니다. [범게르만주의에 의하면,] 예수께서는 유대인이 아니셨습니다. 그분은 아리아인이셨습니다. 모든 이교도들이 그분에 관한 기록을 발견하는 곳인 성경은 이에 대한 증거들을 우리에게 제공한다[고 합니다.] "언젠가 세계는 독일적 존재(deutschem Wesen)를 통해 회복될 것"[137] [이라고 합니다.] 그러나 이렇게 함으로써 소위 순수 역사적 관점은 가장 편파적인 역사 구성으로 전락합니다. [77] 만일 이론과 [사상] 체계가 그것을 요구한다면, 원시인은 야생동물이어야 하고, 문명화되지 않은 민족들은 원시 인류의 대표자들이어야 하며, 바벨론인들은 유대인들의 스승이어야 하고, 예수께서는 이스라엘이 아니라 아리아인들로부터 나셔야 한다[고 합니다.] 만일 이 관점에 증거 자료가 부

---

[137] Houston Stewart Chamberlain, *Die Grundlagen des neunzehnten Jahrhunderts*, 2 vols. (München: F. Bruckmann, 1903), 1:209ff.; Aloys Muller, *Jesus ein Arier* (Leipzig: Max Sängewald, 1904); Johannes Georg Lehmann, *Naturwissenschaft und Bibel* (Jena: Hermann Costenoble, 1905), 3, 143.

족하다면, 어떤 대가를 치르더라도 그것을 조달하는 것이 역사
비평의 임무[라고 그들은 주장합니다.]

만일 상대주의가 오직 구체적이고 역사적이고 생생한 것에
만 관심을 가지며 어떠한 불변의 규범들도 인정하지 않으려고
한다면, 그것은 과연 중립적인 것처럼 보일지도 모릅니다. 그러
나 상대주의는 상대적인 것 자체를 절대적인 것으로 만들며, 이
로써 진정한 자유를 강제로, 참된 믿음을 미신으로 맞바꾸어 놓
습니다. 상대주의의 가장 큰 위험은, 이러한 방식으로 자신이
주장하는 것에 스스로 상충하게 된다는 점은 아닙니다. 왜냐하
면 그것은 회의주의(scepticisme)와 마찬가지로, 처음부터 항상
자기 안에 모순을 지니고 있기 때문입니다. 자기 자신을 진리로
인정하고 증명할 때, 그것은 절대적 관점으로 넘어가며, 그래서
빈델반트(Windelband)는 이에 대해 "상대주의를 증명하는 사람
은 그것을 부인한다"[138]라고 옳게 지적합니다. 오히려 상대주
의 가장 큰 위험은 그것이 이념적 규범들의 절대적 타당성을 빼
앗아간다는 점에 있습니다. 칸트에게 자율성(autonomie)은 하나
의 수단이었습니다. 그것은 [필자가 보기에] 분명 잘못 선택된
수단이었지만, 그럼에도 "너는 해야 한다"(Du sollst)는 [명령의]
정언적(categorisch) 성격을 유지하기 위한 수단이었습니다. 그

---

138 Windelband, *Präludien*, 46.

기독교 세계관

러나 진화론적 일원론(het evolutionistisch monisme)에서 자율성은 모든 권위와 법을 파괴하는 원리가 되었습니다. 인간은 자기 자신의 종교와 도덕, 그리고 자기 자신의 삶과 세계에 대한 관점을 스스로 형성합니다. [그리하여 이 관점의] 가장 큰 위험은, 사람이 자기 자신 외에는 아무것도 매여 있지 않게 되어, 마음 내키는 대로 즐기며 살고, 다른 사람들에게도 심미적 향유에 대한 [자기만의] 관점을 만들어서 제공한다는 것입니다.

[78] 이로써 자연적으로 가정과 사회와 국가[와도 같은] 모든 도덕적 기관들(instituten)과 조직들도 와해됩니다. 앎의 최종적 구성 요소가 감각적 지각인 것처럼, 그리고 자연의 최종적 구성 요소가 원자 혹은 에너지인 것처럼, 가족, 사회, 국가 역시 그것들의 근원적 요소들인 개인들로 나뉘거나, 아니면 더 나아가 개인도 역시 [여러 가지 요소들이] 모아진 것이기 때문에 본능들, 충동들, 열정들로 나눌 수 있습니다. 이러한 요소들을 한데로 모으고 조직화하는 객관적 이념들, 도덕적 관계들, 확고한 질서들은 결국에 더 이상 존재하지 않습니다. 그렇지만 마치 우리의 정신이 일반적 개념들을 형성하고 우리 바깥의 자연을 구성하지 않을 수 없는 것처럼, 우리는 개인들을 어떤 사회 조직으로 묶고자 하는 필요에 강제됩니다. 이를 위한 도덕적 의무는 없을지라도, 물리적인 강제는 존재합니다. 사람은 허구적 계약을 통해서든지, 주변 환경의 강제를 통해서 서로 하

제3장 생성과 행동

나가 됩니다. 일반적 개념들은 이름들(*nomina*)로서, 오직 주관적으로만 필수적입니다. 자연은 우리 정신의 창조물이며, 사회 역시 마찬가지로 사회적 본능의 산물입니다.[139] 그리하여 윤리적 필요에 따라서가 아닌, 실용적인 동기들과 경제적 요소들에 의해서, 개인주의(individualisme)가 사회주의(socialisme)로, 자율성(autonomie)은 타율성(heteronomie)으로, 유명론(nomisme)은 일원론(monisme)으로, 원자론(atomisme)은 범신론(pantheïsme)으로, 무정부주의(anarchie)는 독재주의(despotisme)로, 민족 주권(volkssouvereiniteit)은 절대 국가(staatsalmacht)로, 자유는 다수의 강제로 변질됩니다. [79] 그리고 칼 마르크스(Karl Marx)는 그가 학문과 사회의 관계를 발견했을 때, 그래서 식자층(de denkenden)과 피착취 계급(de lijdenden)이 연합하기를 바랐을 때, 그는 그의 시대를 잘 파악하고 있었습니다. 만일 원자론적 혹은 역본설적 세계관이 주장하는 바의 요소들 외에 자연과 역사 속에서 작용하고 있는 것들이 없다면, 마르크스 자신이 꿈꾸던 사회만이 유일한 이상(ideaal)으로 남아 있게 됩니다. 사실 사회주의는 그것의 발생에 있어서 근대 학문과 깊은 연관 관계를 가지고 있습니다.

---

139 다음의 논문을 참조하라. Ludwig Stein, "Mechanische und organische Staatsauffassung," *Deutsche Rundschau* 120 (1904): 249-263.

기독교 세계관

그러나 [세계에는] 원자들 및 그것들의 기계적·화학적 힘들과 법칙들 외에도 다른 요소들이 존재합니다. 이 점은 이론에 있어서는 아닐지 몰라도, 실천에 있어서는 모든 사람들이 인정하고 있습니다. 만일 우리가 의식적으로나 무의식적으로 논리적·윤리적·미학적 규범들의 실재성을 믿지 않았더라면, 어떠한 판단도 가능하지 않을 것입니다. 가령 마르크스와 엥겔스(Engels)의 체계 속에서는 이 점이 분명하게 드러납니다. [그들의] 이론에 따르면, 법률과 정치, 종교와 도덕, 학문과 예술에 대한 모든 관념들(ideeën)은 경제적 발전의 산물입니다. 존재, 곧 사회적 존재가 의식을 규정합니다. 이에 대해 마르크스는 그의 『정치경제학 비판』(Kritik der politischen Oekonomie)의 서언에서 "인간의 의식이 그의 존재를 규정하는 것이 아니라, 반대로 인간의 사회적 존재가 그의 의식을 규정한다"라고 진술합니다.[140] 그렇지만

───────────

140 역자주. Karl Marx, *Zur Kritik der politischen Ökonomie*, vol. 1, (Berlin: Franz

엥겔스는 나중에 사랑과 증오, 법에 대한 인식과 명예욕과도 같은 이념적 동기들이 사람들의 행동 및 사건들의 경과에 영향을 끼친다는 것을 인정했습니다. 물론 그는 이때에도 마지막 순간에는 경제적 요소들이 최종 결정을 내리게 하며, 역사는 자연의 과정(natuurproces)으로서 진행된다는 주장을 견지했습니다. 그럼에도 불구하고 그는 마르크스와 함께, 그리고 그의 모든 제자들과 함께, 이 자연의 과정에 관여하고, 미래의 사회를 그들의 이념들에 따라 정비하기 위해 매우 큰 열심을 내었으며 또 내고 있습니다. [80] 만일 그들이 오늘날의 사회를 거만하게 유죄판결 내린다면, 격렬한 언어로써 자본주의를 공격한다면, 달구어진 분노로써 사회적 불행에 대해 말한다면, 유산 계층의 '착취', 몰인정, 부당함을 쉴 새 없이 적발한다면, 그것은 정밀과학적 판단이 아니라 윤리적 판단입니다. 그들로 하여금 그렇게 증언하고 행동하도록 만드는 것은 경제의 영역에 적용된 윤리학입니다.[141]

Duncker, 1859), v.

141 Ludwig Woltmann, *Der historische Materialismus: Darstellung und Kritik der Marxistischen Weltanschauung* (Düsseldorf: Hermann Michels, 1900), 173ff., 206ff., 366ff.; Heinrich Pesch, *Liberalismus, Socialismus und christliche Gesellschaftsordnung*, 2nd ed., 3 vols. (Freiburg im Breisgau: Herder, 1901), 3:281ff.; Heinrich Pesch, *Lehrbuch der Nationalökonomie*, 5 vols. (Freiburg im Breisgau: Herder, 1905), 1:309ff.

그러므로 이념적 규범들은 단지 이론으로만 존재하는 것이 아닙니다. 그것들은 삶과 무관하게 일어나며, 단지 학교에서만 얼마간의 가치를 지니는 추상적인 개념들이 아닙니다. 오히려 그것들은 현실 자체[를 구성하는] 요소들이며 우리의 삶의 나침반입니다. 실천 속에서 모든 사람들의 시선은 그것들을 포착합니다. 모든 사람은 본성상 법에 속한 것들을 행하며, 이로써 법의 영향력이 그들의 마음속에 쓰여 있다는 사실을 보여줍니다. 만일 우리가 임의적이고 피상적으로 실재(realiteit)를 우리의 눈으로 보는 것과 우리의 손으로 만지는 것에만 제한하지 않는다면, 이 규범들은 우리 주변의 감각적으로 지각될 수 있는 자연보다 더 객관적이고 의심할 여지 없이 실존합니다. 왜냐하면 이 규범들은 모든 사람의 의식 안에, 머리와 마음 안에, 이성과 양심 안에 저항할 수 없는 힘으로 그들의 존재에 관한 증언을 제시하기 때문입니다. 이 규범들은 자유에 관한 의식, 의무에 대한 의식, 책임감, 자책, 후회, 회한 등과도 같은 일련의 도덕적 현상들과 사실들에게, 우리가 우리의 신체 기관을 가지고서 지각하는 현실보다 더욱 확실하고 반박 불가능하게 확고한 현존을 제공합니다. [81] 더 나아가, 이 규범들은 법과 도덕, 삶과 노동, 훈육과 징계, 가족과 사회와 국가, 학문과 예술, 우리 문화 전체의 근본 토대입니다. 그것들을 제거한다면, 진리와 학문과 법과 덕과 아름다움은 더 이상 존재하지 않게 됩니다. 그렇

제3장 생성과 행동

게 된다면 더 이상 삶을 살아갈 가치가 남아 있지 않게 됩니다. 우리의 인간성(humaniteit)은 [사라지고] 짐승의 본성[만이 남아 있게 됩니다].[142]

이러한 논리적·윤리적·심미적 규범들의 객관적 실재성은 전능하신 하나님으로부터만 나오고 존재할 수 있는 어떤 세계 질서를 소급 지시합니다.[143] 칸트는 물론 좋은 의도로 장엄한 도덕적 세계 질서에 대한 믿음을 위한 자리를 마련하기 위해서 사변적 이성과 실천적 이성 사이, 학문과 도덕 (종교) 사이에 깊은 골을 파내었습니다. 만일 모든 초감각적 사물들의 [존재가] '입증 불가'(non liquet)[144]하다는 평결이 학문에게 최종적으로 내려졌더라면, 이 [초감각적 세계]에 대한 믿음은 무제한적 자유를

---

142 Liebmann, *Zur Analysis der Wirklichkeit*, 587.

143 E. W. Mayer, "Über den gegenwärtigen Stand der Religionsphilosophie und deren Bedeutung für Theologie," *Zeitschift für Theologie und Kirche* 22 (1912): 41~71도 마찬가지로 논리적, 윤리적, 심미적 규범들에 관한 믿음은 종교를 전제로 하며, 하나님의 존재와 진실함에 의존한다고 논한다. 종교적 믿음은 "자주 간과되고 부인됨에도 불구하고 참된 정신적 도덕적 문화의 현존적 담지자(vorhandene Träger)이다(71)." "의무를 지우는 어떤 질서, 절대적으로 타당한 가치들에 관한" 믿음 없이는 진리도, 학문도, 예술도 존재하지 않는다 (Rickert를 간접 인용함, 70).

144 역자주. '*Non liquet*'는 로마법에서 혐의 입증 불가의 평결을 뜻한다. (참조: https://www.merriam-webster.com/dictionary/non%20liquet 2019년 3월 14일 오후 1:00 접근)

기독교 세계관

얻었을 것입니다. 그러나 사실 [이렇게 주장하는 사람은] 위와 같은 이원론으로써 자기 자신의 관점을 약화시킵니다. [82] 왜 냐하면, 학문은 스스로가 그러한 방식으로 제한되는 것을 허용 하지 않는다는 점과, 진화론적 관점에서 도덕적 현상들의 세계 가[145] 금방 [다시] 학문[의 영역으로] 취해졌다는 점을 논외로 하더라도, 칸트는 세계 전체가 하나님에 관해 아무것도 알려주 지 않는다고 보므로, 도덕의 토대를 인간의 본성 안에서 찾도 록, 그리고 인간을 스스로의 입법자로 만들도록 강제되었기 때 문입니다.

그러나 만일 세계 전체, 온 자연과 인류조차도 그의 물리적 측면에 따라서만 중립적 학문의 대상으로 지정된다면, [그리 고] 만일 이 [자연 세계의] 영역 전체에서는 하나님의 통치하심 에 관한 어떤 것도 깨달을 수 없고 오직 기계적 필연성만이 지 배한다고 인정하게 된다면, [그런데] 갑자기 도덕적 삶[을 논의 할 때 기계적 필연성의 지배를] 멈추고 이 도덕적 삶 속에서 자 유를 선언하며 도덕적 삶으로부터 하나님이 존재하며 영혼은 불멸한다는 요청(postulaat)을 끌어낸다면, [우리는 이러한 논의

---

145 역자주. 칸트는 우리에게 경험적으로 주어지는 현상계(現象界, phenomena)와 경 험할 수는 없으되 단지 알려지기만 할 뿐인 가지계(可知界, noumena)를 구분한다. 도덕적 현상들의 세계는 가지계를 가리킨다.

제3장 생성과 행동

방식이] 초라하다는 인상을 받게 됩니다. 위와 같은 이원론은 강점이 아니라 약점입니다. 만일 세계의 발생과 존속에 있어서 하나님이 없을 수 있다면, 심지어 만일 도덕적 세계 질서가 그의 기원과 존속을 인간에게서 끌어올 수 있다면, 하나님의 실존하심은 단지 덕행에 대한 보상과 [인간의] 행복을 위해서만 필요하게 됩니다. 이러한 이원론적 세계관은 하나님과 세계, 종교와 학문, '가치 판단'과 '존재 판단'¹⁴⁶(Werth- en Seinsurtheile) 모두를 부당하게 취급합니다. 그러한 세계관은 외부적 세계를 포기하여 불신앙에 이르며 내면적 세계를 포기하여 미신에 이릅니다. 그것은 자연(*physis*)과 윤리(*ethos*), 생성과 행동, 앎과 행함, 머리와 마음 사이의 조화를 결여합니다.

만일 논리적·윤리적·심미적 규범들이 절대적인 타당성을 가진다면, 만일 참됨과 선함과 아름다움이 이 땅의 모든 보물들보다 더욱 가치 있는 것들이라면, 그것들은 사람에게 법칙으로 세워져 있다는 점에서 사람에게 그것들의 기원을 돌릴 수 없을 것입니다. [83] 오직 다음의 두 가지 중 하나만 선택할 수 있을 뿐입니다. [첫 번째 선택지는,] 참과 거짓, 선과 악, 아름다움과 추함의 규범들은 역사 속에서 진화를 통해서 발생하며, 이 경우 규범들은 절대적이지도 않고, 오늘 참되고 선한 것이 내일 거

---

146 역자주. 혹은 '사실 판단'.

기독교 세계관

짓되고 악하게 될 수 있다[는 견해입니다.] 아니면, [두 번째 선택지는,] 규범들이 절대적이고 불변적 존재를 지니며, 그리하여 그것들은 역사 속에서 발생되지 않고 어떤 초월적이고 형이상학적인 성격을 지니며 또한 그것들은 마냥 공중에 떠다닐 수 없기 때문에, 그것들의 실재성을 하나님의 지혜와 의지 안에서 가진다[는 견해입니다.]

세상을 창조하기 전에 그것을 생각하고 인식한 하나님의 지혜, 곧 그의 이러한 생각을 통해서 사물들에게는 실재성을 (werkelijkheid), 우리의 지성에게는 진리를 부여하는 그 동일한 하나님의 지혜는, 우리의 인식, 의지 및 행동을 위한 규범들도 규정합니다. 사유와 존재, 존재와 생성 사이를 연결하는 이념(ideeën)들은, 또한 생성과 행동, 자연과 윤리, 앎과 행함, 머리와 가슴 사이에도 조화를 가져옵니다. 왜냐하면 다신론 (polytheïsme)은 허용되지 않기 때문입니다. 자연을 위한 신과 도덕적 세계를 위한 신이 따로 존재하지 않으며, 권능의 하나님과는 다른 사랑의 하나님이 따로 존재하는 것이 아닙니다. 오히려 모든 것 위에 계시며 모든 것 안에 자신을 계시하시는 분은 자연의 질서와 도덕의 질서 모두를 창조하시고 보존하시고 통치하시는, 전능하고 진실하며 거룩한 하나님과 동일한 분이십니다. 자연의 법칙들, 논리적·윤리적·심미적 법칙들이 아무리 서로 다르다고 할지라도, 그것들은 창조 때에 발생한 다양한 실체들, 원인들, 힘들과 마찬가지로 어떤 공통적인 근원을 가지고 있으며,[147] 그리하여 그것들은 서로 대립할 수 없습니다. [84] 이러한 통일성을 통해서 자연은 무신론적 관점이나 범신론적 관점에서는 결코 가질 수 없는 어떤 의미와 가치를 지니게 됩니다. 자연은 무지하며 야수적이고 악마적인 힘이 아니라 하나님의 생각들과 덕들에 관한 계시의 수단이며, 그분의 지혜의 전시장이요, 그분의 영광의 반영(反映, afspiegeling)입니다. 덕과 행복의 모든 부조화에도 불구하고, 세계는 여전히 사람을 위한 적절한 보금자리입니다. 그것은 천국은 아니지만 지옥도 아니며, 낙원은 아니지만 황야도 아니며, [주어진] 현재의 상황과 조화를 이루는 주거지(een domicilium)입니다. 다윈주의의 영향으로 인해, 이 세상이 마치 갈등과 불행의 무대 외에 다름 아니라는 생각이 유행하게 되었습니다. 그러나 세계를 이렇게 묘사하는 것은 18세기의 목가적 자연관만큼이나 일방적입니다.[148] 성경은

---

147 Liebmann, *Zur Analysis der Wirklichkeit*, 717.

148 다른 많은 사람들 중에 크로포트킨(Kropotkin) 공작을 통해서 다윈주의적 자연관의 일방적 성격이 반복적으로 지적되었다. 자연 안에서는, 많은 갈등과 불행 이외에도, 동일하게 많은 사랑의 표현, 동정, 너그러움을 주목할 수 있다. 같은 종의 동물들은 살아가는 동안 서로를 도우며 서로를 지원한다. 이러한 요소는 세계의 발전 과정에 있어서 큰 의미를 지닌다. 왜냐하면 그러한 [긍정적] 요소들을 통하여서 상호 호의, 정의감, 심지어 자기희생조차도 촉진되어, 동물과 인간 세계에서의 공동체적 사회생활이 가능하도록 만들기 때문이다. 그

기독교 세계관

양쪽 모두의 극단을 피합니다. 성경은 낙관주의와 비관주의의 비진리를 배격하되, 먼저 양쪽 안에 숨겨진 진리의 요소를 충분히 인식한 후에 그리합니다.

또한 기독교 세계관은 객관적으로 자연적 질서와 도덕적 질서 사이의 조화를 회복시킬 뿐만 아니라, 그러함으로써 또한 주관적으로 우리의 사유와 행함, 우리의 머리와 가슴 사이에 어떤 영광스러운 하나 됨이 일어나게 합니다. [85] 사물들에게 그것들의 실재성을, 우리의 의식에게는 그것의 내용을, 우리의 행동에는 그것의 규칙을 부여하는 것이 동일한 하나님의 지혜라면, 이 세 가지 사이에서도 서로 일치가 존재해야 합니다. 그렇다면 하나님의 의식 안의 이념들(*ideae*), 사물들의 본질을 이루는 형상들(*formae*), 그리고 우리의 삶의 규칙들로 수립된 규범들(*normae*)은 서로 대립할 수 없으며, 오히려 서로 아주 긴밀하게 연관되어 있어야 합니다. 그렇다면 논리학(*logica*), 자연학(*physica*), 윤리학(*ethica*)은 동일한 형이상학적 원리들(*principia*)

가 쓴 다음의 소논문을 참조하라. "De ethische behoeften van onzen tijd," *Wetenschappelijke Bladen* (1905): 33-57.

역자주. Pyotr Alexeyevich Kropotkin(1842-1921)은 러시아의 사상가로 무정부주의적 공산주의를 지지했다. 위에서 인용된 논문은 번역된 것으로 원문은 다음과 같다. Pyotr Alexeyevich Kropotkin, "The Morality of Nature," *The Nineteenth Century and After* 57 (1905): 407-427. (참조: https://en.wikipedia. org/wiki/Peter_Kropotkin 2019년 3월 18일 오후 9:00 접근.)

위에 구축되어 있습니다. 참됨, 선함, 아름다움은 참으로 존재하는 자와 더불어 하나입니다. 이러한 방식으로 머리와 가슴과 손, 사유와 감정과 행동이 모두 온전히 정당하게 인식되며, 그것들은 동시에 모든 과장 및 과다로부터 보호됩니다. 지성적·신비적·윤리적 요소들은 서로 균형을 이루게 되며, 헤겔(Hegel)과 슐라이어마허(Schleiermacher)와 칸트는 서로 화목을 이루게 됩니다.[149]

---

149 Willmann, *Geschichte des Idealismus*, 3:436, 494.

기독교 세계관

3 ——— 이념적 규범들과 계시 및 구원(사)의 가능성

그런데 이념적 규범들의 신적인 권위와 절대적 타당성은 인간 세계 가운데서 우리가 보게 되는 탈선을 더욱더 아프게 느끼게 합니다. 모든 인식에는 일어나야 하는 것과 실제로 일어나는 것 사이, 명령의 요구와 명령의 실행 사이에 심대한 간극이 존재합니다. 이 점에서 우리는 모든 사람을 괴롭히고, 모든 시대의 사상가들을 몰두하게 하며, 모든 종교와 철학으로 하여금 구원의 길을 찾게끔 한 악의 신비를 마주하게 됩니다. [86] 만일 우리 삶의 법칙들이 신적인 근원과 절대적 타당성을 지니는 것들이라면, 그것들을 위반하는 것은 매우 심각한 의미를 지니게 됩니다. [반면, 세상에는] 죄를 사소한 것이라고 여기며, 죄를 물질로부터, 육신으로부터, 인간 본성의 유한성과 제한성으로부터 해명하며, 죄를 인류의 발전 과정의 필연적 계기로 파악하려고 하는 수많은 사람들이 있습니다. 그러나 도덕 법칙의 장엄함을 직관한 사람은 이러한 이론들로 만족할 수 없습니다. 죄를 있는 모습 그대로 보며, 어떤 사변을 통해서 그것의 실재성과 본성을 약화시키지 않는 견해는 오직 한 가지, 성경의 견해밖에 없습니다. 성경의 견해는 사람에게 아첨하지 않습니다. 오히려 하나님의 율법은 그가 어떠한 존재여야 하는지, 그리고 실제로는 죄를 통해 어떤 존재가 되었는지를 말해줍니다. 죄는 무규범(ἀνομια)이며, 탈선이고 율법의 위반이며, 우리의 의지가 하나님의 의지를 반대하는 것이며, 하나님과 원수 됨(ἐχθρα εἰς θεον)[150]입니다. 그러므로 죄는 철저하게 윤리적 성격을 지닙니다. 죄를 순수하게 종교적이고 윤리적인 죄로서 파악하며 그것에게 일체의 실체성(substantie)도 부여하지 않고 그것을 모든 물리적 악으로부터 구분하는 것은 다른 모든 종교들 중에 기독교가 유일합니다.

그런데 바로 죄의 이러한 윤리적 본성이 그것에게 마음을 움직이는 심각성을 부여합니다. 왜냐하면 만일 죄가 의지에 관한 것이라면, 그리하여 마음 깊숙한 곳에서부터의 모든 자기 인식이 우리에게 말해주듯이 죄가 단지 외면적이고 우연적인 의지의 행동들(wilsdaden)이 아니라 의지의 [의도적인] 수행 능력(vermogen)에 관한 것이라면, 만일 죄가 이미 출생 시부터 함께 가지게 되는 의지의 습성(hebbelijkheid)과[151] 성향(gezindheid)

---

150 역자주. "육신의 생각은 하나님과 원수가 되나니 이는 하나님의 법에 굴복하지 아니할 뿐 아니라 할 수도 없음이라(롬 8:7)." "διότι τὸ φρόνημα τῆς σαρκὸς ἔχθρα εἰς θεόν, τῷ γὰρ νόμῳ τοῦ θεοῦ οὐχ ὑποτάσσεται, οὐδὲ γὰρ δύναται (NA26)"

기독교 세계관

이라면, 인간의 '자기 구원'(Selbsterlösung)의 길은 완전히 차단되어 있기 때문입니다. [87] 만일 육신의 생각이 하나님과 원수 되는 것이라면, 이 육신의 생각은 하나님의 율법에 복종할 수 없습니다. 만일 작용이 존재를 뒤따른다(operari sequitur esse)는 규칙이 고수된다면, 존재에 변화가 먼저 일어나야 행동의 변화에 관해 말할 여지가 있을 수 있습니다. 만일 어떤 나무가 선한 열매를 맺으려고 한다면, 먼저 자기 자신을 선하게 만들어야 합니다. 칸트와 쇼펜하우어(Schopenhauer) 모두 인간 본성의 깊은 도덕적 타락에 주목했습니다. 그들 모두 도덕적 악이 인

---

151 역자주. 그리스어의 ἕξις 개념(및 라틴어의 *habitus* 개념)을 참조하라. ἕξις는 '가지다'라는 뜻의 그리스어 동사 ἔχω의 명사형으로 Liddell-Scott-Jones의 *A Greek-English Lexicon*에 의하면 '가짐'(having), 혹은 '어떤 상태에 있음(a being in a certain state)'이라는 뜻을 지닌다. 아리스토텔레스는 『형이상학』 5.1022ᵇ에서 활동으로서의 가짐과 성향으로서의 가짐을 구분하고, 성향으로서의 가짐은 부분들의 배열을 의미한다고 말한다. '가짐'이 부분들의 배열로서의 성향이라고 이해될 때, 그것은 사람의 마음의 생득적 경향을 포괄하며, 좁은 의미에서의 습관보다 더욱 넓은 개념이다. 바빙크는 『계시 철학: 개정·확장·해제본』, 161 (*Philosophy of Revelation*, 64)에서 인간의 정신이 백지상태(*tabula rasa*)가 아니라 생득적 습성(*habitus*)을 가지고 있어, 그것이 인식의 과정에 작용한다고 말하며, 『개혁 교의학』, 박태현 역 (서울: 부흥과 개혁사, 2011), 1:338 (*Reformed Dogmatics*, Grand Rapids: Baker Academic, 2003, 1:241)에서는 이를 종교의 영역에 적용하여, 인간의 생득적 종교의 씨앗(seed of religion)이 이러한 주관적 습성의 일종이라고 논한다. 『개혁 교의학』, 2:73-75, 82; 4:126, 147, 172, 264 (*Reformed Dogmatics*, 2:65, 66, 71; 4:114, 130, 150, 225)을 참조하라.

(참조: http://logeion.uchicago.edu/%E1%BC%95%CE%BE%CE%B9%CF%82; https://en.wikipedia.org/wiki/Hexis 2019년 3월 19일 오후 5:00 접근.)

간의 곁에 있기만 한 것이 아니라 인간 안에 있음을 인식했습니다. 그들 모두는 그리하여 악으로부터의 해방을 위해서 '일종의 다시 태어남'(eine Art von Widergeburt)이 필요하다는 점을 주목했습니다. 그럼에도 불구하고 그들 모두는 그들의 이러한 출발점을 일관되게 지키지 못했습니다. 왜냐하면 칸트는, 매우 잘못되게, 해야 함(moeten)[152]으로부터 할 수 있음(kunnen)을 도출하기 때문입니다. [칸트가 말하기를,] 만일 정언 명령이 우리에게 우리가 선해야 한다고 말한다면, 그렇다면 또한 우리는 선할 수 있어야만 합니다. 만일 그렇지 않았더라면 정언 명령은 세상에서 가장 비합리적인 것이 될 것입니다.[153] 또한 쇼펜하우어는 모든 사람이 의지할 수 있는 것이라곤 예속되고 맹목적인 의지[밖에 없는데], 그렇지만 그러한 의지가 세계의 고통을 통찰할 때에 자기 자신이 행한 바에 놀라서 물러서고 스스로를 "부인

---

152 역자주. 위에서 (원문 p.70) 바빙크는 도덕적 의무를 'behooren'으로, 자연의 필연은 'moeten'으로 표현한 바 있다. 'moeten'은 자연적 필연 및 도덕적 의무 둘 다를 표현할 수 있되, 'behooren'은 의무의 뜻만을 가진다. 흔히 칸트가 썼다고 여겨지는 "나는 해야 하기 때문에 할 수 있다." 또는 "나는 내가 해야 하는 것을 하기 원하기 때문에 나는 그것을 할 수 있다"(Ich kann, weil ich will, was ich muss)는 표현은 칸트 자신이 직접 쓴 표현은 아니라고 한다. (참조: https://de.wikiquote.org/wiki/Diskussion:Immanuel_Kant 2019년 5월 11일 오후 2:00 접근.)

153 Immanuel Kant, *Religion innerhalb der Grenzen der blossen Vernunft*, ed. Karl Rosenkranz (Leipzig: Leopold Voss, 1838), 41, 50ff.

기독교 세계관

할"(verneinen) 수 있다고 주장합니다.[154] 구원을 하나님이 행하시는 일로 여기지 않는 사람들은 누구나 이렇게 주장할 수밖에 없습니다. 만일 그들이 죄가 진짜로 무엇인지 편견이 없이 인식한다면, 그들 자신에게는 구원의 가능성이 더 이상 남아 있지 않다[는 것을 알게 될 것입니다]. 반대로 만일 그들이 어떤 구원의 가능성을 고수하려고 한다면, 그들은 그들이 처음에 인정했던 죄의 심각성을 제거하도록 강제됩니다.

[88] 또 한번 이러한 이율배반(antinomie)을 해결하는 것은 오직 도덕적 타락과 인간 본성의 무능을 온전히 인식하면서도 우리에게 구원의 길을 열어주는 기독교밖에 없습니다. 그렇지만 기독교는 구원을 인간의 행위가 아니라 오직 하나님의 행하심으로 인정합니다. 세계의 존속, 인류의 역사, 존재하지 말았어야 하는 것이라는 죄의 속성, 선(善)은 그것의 절대적 타당성 때문에 승리해야만 한다는 필연적 이념, 이 모든 것들은 우리로 하여금 구원이 존재한다고 추측하게 합니다. 만일 재창조를 통해서 타락으로부터 회복될 것이 정해지지 않았다면, 피조세계가 존속해야 할 이유는 무엇입니까? 그러나 만일 구원이 하나님의 역사하심 외에 다름 아닌 것으로 파악된다면, 그것은 오직

---

154 Arthur Schopenhauer, *Die Welt als Wille und Vorstellung*, ed. Julius Frauenstädt, 6th ed. (Leipzig: F. U. Brockhaus, 1887), 1:448.

계시를 통해서 우리에게 알려질 수 있다는 점이 자명합니다. 그렇다면 구원은 그러한 하나님의 역사하심으로서 세상에 들어와야 하며, 우리 인류의 역사로부터 근절할 수 없는 존재 요소가 되어야만 합니다. 이것이 구원에 관한 성경의 가르침입니다. 세상을 창조하신 하나님의 지혜가 세상을 재창조하시는 지혜와 동일하며, 사물들로 하여금 그것들의 존재를 지속하게끔 하는 하나님의 힘(energie)은 정해진 끝을 향해 그것들을 이끌어가시는 힘과 동일합니다. 창조의 계획 안에는 구원의 계획이 포함되어 있습니다. 창조가 하나님의 지혜의 역사(werk)로서 성자의 나심(generatie)을 소급지시하듯이, 창조는 또한 타락 이후 즉시 시작되고, 이후 역사적으로 전개되며, 그리스도 안에서 그 정점에 이르는 계시를 선(先)-지시합니다(wijst vooruit). 구원은 계시를 전제로 하며, 계시는 구원을 목적으로 합니다. 아니, 차라리 하나님의 숨겨진 작정으로부터 나와 인류의 역사 속에 편입되는 계시가 구원 그 자체입니다.

[89] 계시가 이러한 구원론적 내용을 가지고 있기 때문에, 그것은 하나님의 창조 역사의 부정이 아니라, 죄로 인해 뒤틀린 창조 역사를 회복하는 것입니다. 계시는 개혁(reformatie)의 행위입니다. 재창조 때에 피조세계는 그것들의 모든 형상들(formae)과 규범들(normae)에 있어서 회복될 것이며, 복음 안에서 율법이, 은혜 안에서 공의가, 그리스도 안에서 우주가 회복될 것입

니다. 그러므로 기독교는 성경이 우리에게 가르치는 바와 같이 우리가 사는 세상 안에서 자기 자리에 온전히 제대로 놓여 있는 것입니다. [기독교 복음 계시의] 원인들이 창조 시에 세계에 주어졌던 힘들 안에 놓여 있는 것이 아니라고 할지라도, [복음 계시는] 세상 안으로 들어갔고, 열쇠가 열쇠 구멍에 들어맞듯이 세상에 꼭 들어맞습니다. 그리스도께서는 위로부터 나셨지만, 때가 차매 그분께서는 여인에게서 태어나셨고 율법 아래에 놓이셨습니다. 만일 죄 또한 의지의 성향이고 도덕 법칙이 절대적 타당성을 가지며 선(善)이 자신의 이념에 걸맞게 모든 반대를 이겨 승리하도록 정해져 있다면, 그러한 승리를 가져다 올 종교는 하나님의 지혜와 능력이어야 하며 그것은 단지 말뿐만 아니라 행동이어야 하고 단지 어떤 가르침일 뿐만 아니라 어떤 삶 (leven)이어야 합니다. 그렇다면 그것은 우리 인류 안에서 피와 살이 되어야 하며, 하나님의 힘의 역사로서 세계의 한 가운데 편입되고 유지되어야 합니다.

그러므로 필연적인 '이성 진리들'(Vernunftswahrheiten)을 우연적 '역사 진리들'(Geschichtswahrheiten)로부터, 이념을 사실로부터, 개념을 직관으로부터 떼어놓으려고 하며, 그리하여 기독교를 어떤 철학적 체계로 바꾸어 놓으려는 자들의 노력은 피상적인 것입니다. 인류를 죄로부터 구원하고 선(善)이 지배하게끔 하는 종교는 역사여야만 하며, 그러한 종교는 역사의 시작부터 끝까지 계속되는 일련의 신적 행위들 속에 존재해야만 합니다. [90] 그리하여 구원은 단지 우리 위를 떠다니는 이념으로만 남아 있는 것이 아니라, 오히려 구원은 그것이 존재하고자 하는 대로 존재하며 그것이 의도하는 것이 일어나게끔 합니다. 기독교는 오직 구원에 관한 교리이기만 한 것이 아니라, 하나님께서 세상의 역사 가운데서 일어나게 하시는 구원 그 자체입니다. 물론 모든 종교에서는 믿음과 역사가 서로 연관되어 있다고 하는 의식이 살아 있습니다. 모든 종교는 그것들의 신통기(神統記, theogonie)와 우주 발생론(kosmogonie), 신화와 종말론을 가지고 있습니다. 그리고 때로 종교들은 세계가 일종의 연극이며, 빛의 왕국과 어둠의 왕국 사이의 엄청난 싸움이 일어나고 있다는 상상에 도달하기도 합니다. 그러나 기독교에서는 구원이, 한편으로는 우주의 과정(proces)과 분리되어 있되, 다른 한편으로는 그것이 모든 세계 역사의 심장과 영혼이요, 핵심과 본질입니다. 구원에 관한 계시는 낙원에서 시작하며 수많은 세대들을 거쳐서 계속되고 그것의 중심점을 그리스도의 인격과 사역 안에서 취하며 모든 시대들의 끝에서 완성됩니다. 이 계시 [안에서 주어지는] 사실들은 단지 우리의 믿음을 위한 버팀목이나 삽화가 아닙니다. 그러한 사실들은 단지 하나님께서 우리의 바깥의 자연과 역사 안에서 자신을 계시한다는 것을 증명하고, 그리하여 우리의 믿음을 각자의 변덕스러운 생각이나 거짓된 신비주의

로부터 지키기 위해서만 주어진 것이 아닙니다.[155] 사도신경의
열두 조항에 따르면, 오히려 그것들은 우리의 믿음의 대상과 내
용이기도 합니다. 왜냐하면 기독교인들은 단지 더 순수한 신 개
념을 가진다는 점에서 다른 종교를 믿는 자들과 구분되는 것이
아니라, 세계를 창조하시고 보존하고 통치하시며 바로 이 세계
에서 구원을 당신의 의지의 작정을 따라 현실화시키시는, 살아
계시며 참되신 하나님 자신에 대한 믿음 때문에 구분됩니다.

[91] 기계론적 일원론 및 역사적 유물론의 편협한 세계 체계
(wereldsysteem)에서는 재창조의 이러한 놀라운 역사하심이 설
자리가 없습니다. 그런데 [위의 잘못된 관점들은] 단지 계시만
을 부당하게 취급하는 것이 아니라 이미 역사도 부당하게 취급
하고 있습니다. 정밀과학의 올가미에 사로잡힌 많은 사람들이
역사에 있어서 모든 학문적이고 교육적인 가치를 부인한다는
사실은 전혀 놀랄 만한 일이 아닙니다. 그러나 다양한 외부적
환경들이 인류에게 주는 영향들을 잘 관찰할 수 있다는 장점을
역사적 유물론이 아무리 가지고 있다고 할지라도, 결국에는 역
사가 단지 일종의 화학적 과정이며 산술적 합산 외에 아무것도
아니라는 주장을 그 누구도 받아들이지는 않습니다. 사람은 [사

---

155 Karl Bauer, "Die Bedeutung geschichtlicher Tatsachen für den religiösen
Glauben," *Theologische Studien und Kritiken* 77 (1904): 221-274.

건들을] 겪기도 하지만, 또한 그는 영향력을 행사하기도 합니다. 그는 사건들에 대해 단지 수동적으로만 서 있지 않고, 오히려 스스로 적극적으로 사건들에 관여합니다. 사회는 인격성의 조건이기는 하지만 원인은 아닙니다.[156] 물론 역사 안에는 인과적 연관 관계들도 있습니다. 역사 안에서도 무에서는 아무것도 생성되지 않는다는 법칙이 유효합니다. 그러나 여기에서 작동하는 원인들과 동기들은 기계 및 화학의 영역의 원인들보다 훨씬 더 다양하며 복잡합니다. 여기에는 많은 종류의 물리적 원인들 외에도, 심리적인 원인, 곧 지성과 의지, 이성과 양심, 충동과 열정, 영웅과 천재 등, 인격성 안에 감추어진 온갖 요소들이 등장합니다. 이러한 인과성들은 대단히 내밀하며 비밀스러운 것들이어서, 마치 전제로부터 결론을 이끌어내듯이 사건들을 연역해낼 수 없습니다. [92] 아무리 심리학이 역사학자에게 필수 불가결하다고 하더라도, 역사학자는 사건들을 설명할 때에 결코 심리학을 다소간의 개연성을 설명해주는 것 이상으로 여겨서는 안 되며, 결국에 그는 다시 한번 인격성의 신비 앞에 서게 됩니다. "개인에게 있어서 완전히 자연 그대로인 것, 오직 한 번만 현존하는 것, 단 한 번만 말해진 것(ἅπαξ λεγόμενον)

---

156 Rudolf Eisler, *Soziologie: Die Lehre von der Entstehung und Entwickelung der menschlichen Gesellschaft* (Leipzig: J. J. Weber, 1903), 55.

기독교 세계관

은 헤아릴 수 없는 것(Ungründlichen)으로부터 유래합니다."[157] 그리고 비록 어떤 동기들도 없이 완전히 임의대로 행동할 수 있는 자유 의지[라는 개념]이 거부된다고 할지라도, 그러한 [제한적] 의지 안에서도 물리적 원인들과 정도에 있어서만 다른 것이 아니라 본질적으로 다른 심리적 인과성이 등장합니다. 의지의 자유는 원인들을 제외시키지 않되, 자기의 본성과 대척하고 있는 모든 원인들을 마주하며 서 있습니다. 우리가 [물리적인 것과] 구분되는 [것으로서의] 의지의 [심리적인] 본성을 파악하고 있는지는 또 다른 문제이긴 하지만, [심리적인 본성은] 물질 및 힘의 본성과 마찬가지로 하나의 실재입니다.

여하튼 역사학자의 과업은 심리학자의 과업과는 다릅니다. 만일 역사 연구자가 어떤 사건을 심리학적으로 파악한 대로 기술하고자 한다면, 그는 세부적인 것에 집착하여 길을 잃어버리게 될 뿐만 아니라, 그 어떤 사실을 통해서도 결코 그의 연구 목적에 도달할 수 없을 것입니다. 그러나 마치 어떤 판사가 형량을 정할 때 범인의 인격을 고려해야 함에도 불구하고, 법의 위반에 관한 한 자기의 판결의 기준을 인식하는 것처럼, 역사학자도 물론 사건들의 [물리적·심리적] 원인들을 추적해야 하지만, 그러한 탐구를 수단으로 사용하여 그는 사건들 속에서 어떠한

---

157 Liebmann, *Gedanken und Thatsachen*, 1:456.

제3장 생성과 행동

이념이 구체화되었는지 알게 되기를 힘써야 합니다. [93] [역사는 아무렇게나 존재하는 것이 아니라,] 사건들 자체가 서로 연결될 때, 사건들이 인류 일반, 곧 모든 사람에게 알려졌거나 적어도 모든 사람을 위해서 발견된 가치를 지닐 때, 사건들이 경제·사회·정치적 관계들, 그리고 인류의 예술적·문학적·학문적·도덕적·종교적 열망들에 긍정적이든 부정적이든 영향을 끼칠 때, 사건들 [속에서] 이념이 자연과 맞서 싸워 이기게 될 때, 사건들 [속에서] 이념적인 것들, 곧 진리와 선함과 아름다움이 증대되고 인류를 더욱 풍성하게 할 때, 비로소 역사가 [역사로서] 존재하게 됩니다.[158]

역사에 대한 이러한 이해를 기독교가 가장 먼저 우리에게 제공했습니다. "역사는 고대[의 사상들]에서보다 기독교에서 더욱 큰 중요성을 지니게 되었습니다. 기독교의 신념에 의하면 신적인 것(das Göttliche)이 시간 안으로 들어왔으되, 침침한 모습이 아니라 영광이 충만한 모습으로 그리했습니다. 전체를 지배하는 중심점으로서 그것[, 곧 하나님이 시간 안으로 들어오신 사건은] 모든 과거를 자기와 연관시키며, 모든 미래를 자기로부터 전개시켜 나가야만 했습니다. 이 사건의 독특성은 어떠한 의

158 Ursul Philip Boissevain, *Wettelijkheid en Werkelijkheid* (Groningen: J. B. Wolters, 1904).

기독교 세계관

심도 용납하지 않습니다. 매번 그리스도께서 다시 오시고 십자가에 못 박힐 수는 없습니다. 그리하여 무한히 많은 시대들, 사물들의 영원한 회귀[와 같은 개념은] 탈락되었습니다. 역사는 동질적인 리듬의 경과로부터 나오게 된 어떤 서로 연관된 전체, 어떤 유일무이한 드라마입니다. 역사 속에서 사람은 어떤 전적인 변화로 [나아가도록] 촉구되며, 그리하여 [그 전에는] 그저 그에게 주어진 본성을 전개시켜 나가기만 하면 되었지만, [이제는 그와] 비교할 수 없는 극도의 긴장이 그의 삶에 주어지게 됩니다. 역사와 이 세상에서의 삶을 이처럼 높이 평가하는 것은 기독교 외 어디에서도 나왔을 수 없습니다."[159]

[94] 비록 [역사적] 기독교가 역사에 관한 이러한 풍성한 이해를 [충분히] 전수해주지 못했으며 그러한 역사적 이해가 약해졌을 때라고 할지라도, 역사에 관한 풍성한 이해를 지켜내는 것은 가능했습니다. 어쨌든 간에 기독교 그 자체가 이러한 큰 역

---

159 Eucken, *Geistige Strömungen der Gegenwart*, 190. 더 나아가 다음을 참조하라. Werner Elert, *Prolegomena der Geschichtsphilosophie: Studie zur Grundlegung der Apologetik* (Leipzig: A. Deichert, 1911); Hugo Lehmann, "Glaubensbetrachting und Geschichtsforschung in ihren Prinzipien," *Zeitschrift für Philosophie und philosophische Kritik* 147 (1912): 82-101; Albert von Ruville, *Der Goldgrund der Weltgeschichte: Zur Wiedergeburt katholischer Geschichtschreibung* (Freiburg im Breisgau: Herder, 1912). 필자의 『계시 철학: 개정·확장·해제본』의 제5장, 「계시와 역사」, 239-275 (Wijsbegeerte der openbaring, 95-119)도 보라.

사의 중심적 내용입니다. 헤겔이 역사[를 움직이는] 이성과 정신에 대해 믿었을 때, 그리고 자주 천재적 통찰력으로 역사 속에서 신적 생각들이 현실화되는 것을 직관했을 때, [그러한 사상은] 한편으로는 기독교로부터 차용한 역사관이었으나, 또한 기독교를 와해하며 기독교의 내용을 잃어버리게 하며 기독교를 단지 어떤 문구 정도로 퇴색시켜 버립니다. 이미 [우리가] 학문과 자연 안에서 그러함을 [보았듯이], 역사에서도 더더욱 기독교 신앙의 근본 사상들이 전제됩니다. 일관되고 철저하게 사유하는 자는 누구든지, 기독교 바깥에서, 그리고 기독교 없이는 본래적인 의미에서의 어떠한 역사도 세계와 인류에게 있을 수 없다는 통찰에 이르게 됩니다. 이미 낙원에서부터 계시를 통해서 준비되어 왔고 마지막 날에 그리스도께서 다시 오실 때에야 비로소 그 목표점에 도달하게 될 기독교가 만일 인류의 실제적 구원이 아니며 세계의 재창조가 아니라면, 역사가 발전하고 진보하며, 어떠한 목표를 추구하며 완전한 하나님의 나라에 [언젠가는] 도달하게 될 것이라는 믿음의 모든 토대가 사라지고 맙니다.

[95] 그러므로 기독교는 역사와 적대적인 대척 관계에 놓여 있지 않습니다. 오히려 기독교는 역사에 영감을 불어넣는 이념이고 역사를 주도하는 사상이며, 모든 것에 침투하는 효모와도 같습니다. 기독교는 역사에 내용과 형태, 의미와 목적을 부여하며, 역사를 이제껏 형성해 왔고, 또 응당 그렇게 되어야 하는 모

기독교 세계관

습으로 만들어 갈 것입니다. 그렇다면 학문은 기독교가 그것의 토대인 유신론적 세계관이 올바른 것일 경우에만 [타당한 것으로서] 존재할 수 있습니다. 자연은 성경이 우리에게 알려주는 바 그대로일 때 비로소 자기 자신일 수가 있으며, 그의 정당한 자리를 차지하게 됩니다. 또한 역사는, 계시가 단지 역사에 빛을 비추기만 할 뿐 아니라, 계시 자체가 역사 안으로 들어가서, 역사를 계시 자신의 높은 이념을 향하여 이끌어가고, 역사가 하나님의 역사하심(werk)이 되며, 하늘나라가 [이 땅에] 도래하는 [통로가 되도록] 역사를 끌어올릴 때에 비로소 그것이 참된 역사일 수 있습니다. 왜냐하면 통상적 인간적 역사가 자연의 위에 있듯이, 또다시 계시는 역사 위에 있기 때문입니다. 어떻게 특별 계시를 통해서 신적 인과성(Goddelijke causaliteit)이 피조물들에게 작용하는지에 관해서 우리는 이해하려고 시도하지 않았습니다. 그렇지만 그러한 이해에 도달한다고 하더라도 그때 우리의 겸손함은 어떤 경우에도 지나칠 수 없습니다. 사람은 무엇이 파악 가능**한지**(wat begrijpelijk is)에 관한 기준을 아마도 그가 파악할 수 있다고 **여기는** 것들(wat hij begrijpelijk vindt)에게서 찾는다는 사실을 도외시하더라도, 학문이 세계 [내]에서 파악 가능한 것들(de begrijpelijkheid der wereld)로부터 출발해야 한다는 주장은 잘못되었습니다.[160] 왜냐하면 아는 것(kennen)과 파악하는 것(begrijpen)에는 차이가 있기 때문입니다. 우리는 화학적이고 기계적인 힘들의 작용을 알지만, 그렇다고 그것들의 내적 본질을 아직 파악하고 있는 것은 아닙니다. [96] 우리는 역사 안에 또 다른 어떤 심리적인 인과성이 등장한다는 것을 알고, 또 인간의 특성을 어느 정도 꽤 잘 통찰하기도 합니다. 그러나 의지의 문제는 이전에나 이후로도 해결되지 못한 상태로 남아 있습니다. 우리는 하나님께서 모든 피조물 안에서 그분의 섭리라는 통상적 방식으로써 내재적으로 역사하심(immanente werking)을 믿습니다. 그러나 그러한 역사하심이 어떤 종류의 것인지는 우리의 파악을 훨씬 뛰어넘는 문제입니다. 비학문적인 사람들(ongeleerden)과 학문적인(wetenschappelijken) 사람들 간의 차이는 많은 경우에, 비학문적 사람들에게는 모든 것이 자명하게 여겨지지만, 학문적인 사람들에게는 모든 것이 갈수록 경이로운 것(wonder)이 되어 간다는 점에 있습니다. 그리하여 특별 계시에 관해 우리가 직면하는 어려움은 일반 계시에 관해, 그리고 피조물의 영역 내에서 우리가 맞닥뜨리는 어려움보다 원칙적으로 더 큰 것이 아닙니다. "어떻게 이러한 계시 작용이 자연에 한정된 인과 관계 속에서 존재할 수 있는지에 관한 어려움은, 어떻게 정신적 삶이 자연적인 삶 안에 개입할 수 있는지, 어떻게 의지가 자연의 기계적인 원인들의 연속 속에 편입될 수 있

---

160 Reinke, *Die Welt als That*, 7, 45, 64, 296, 327.

기독교 세계관

는지에 관한 어려움보다 크지 않습니다."[161]

우리는 다만 세계의 통일성을 주장하되 그것의 다양성도 있는 그대로 존중하는 세계관이 특별 계시를 위한 자리도 마련할 수 있다는 것을 압니다. 이러한 관점을 불가능하다고 여기고 그것에 대항하는 것은 오직 우리로 하여금 모든 정신적인 것과 이념적인 것을 잃어버리게 만드는 기계론적인 세계관의 관점입니다. 우리는 두 가지 관점 중에서 한 가지를 선택해야 합니다. 기계론적 관점이 옳은 관점이라면, 기적뿐 아니라 심리적 인과성, 이성과 의지, 양심과 자유는 설 곳을 잃습니다. 혹은, 유기적 관점만이 세계의 다양성과 풍성함에 응할 수 있다면, 단지 사람의 인격성뿐 아니라 모든 피조물들 가운데서 하나님의 주권적이고도 자유로운 역사하심을 위한 자리도 마련됩니다.

[97] 이 [유기적인] 관점에 의하면 다양한 실체들과 힘들이 존재합니다. 힘들이 서로 구분되는 것처럼, 그것들은 다양한 법칙들을 따라서 작용하며, 그것들이 행사하는 작용들 또한 다양합니다. 아무것도 원인이 없이 일어나지 않듯이, 아무것도 법칙 없이 돌아가지 않습니다. 모든 것에는 질서들이 수립되어 있는

---

161 Grützmacher, "Die Forderung einer modernen positiven Theologie unter Berucksichtigung von Seeberg, Th. Kaftan, Bousset, Weinel," *Neue kirchliche Zeitschrift* 15 (1904), 451.

데, 이는 하나님께서 그분이 창조하신 왕국 전체 안에서 질서의 하나님이시기 때문입니다. 그러나 모든 것들이 다 같은 종류의 법칙들을 따르는 것은 아닙니다. 자연과 역사, 학문과 예술, 법과 도덕을 위한 법칙들이 다 다르며, 특히 종교의 영역에서 이 법칙들은 어떤 특별한 성격을 지니게 됩니다. 우리는 형이상학 없이 자연과 역사에 [대한 올바른 이해에]조차 도달할수 없습니다. 참됨, 선함, 아름다움은 하나님 안에서 그것들의 '원형'(Urbild)을 갖지 않는다면 그것들의 절대적인 성격을 잃어버립니다. 그렇지만 무엇보다 우리를 하나님께로 인도하며 그분과 관계할 수 있도록 하는 것은 바로 종교입니다. 종교에 관한 수많은 심리학적 혹은 역사적 이론들 중 그 어떤 하나라도 종교의 근원을 해명하며 그것의 본질을 파악할 수 있다고 보이는 것은 없습니다.[162] 종교는 하나님의 존재, 하나님의 계시, 하나님의 인식 가능성을 전제로 합니다.[163] 특히 더 나아가 기독교는 구약에서 예비되고 신약에서 성취된 하나님의 사랑에 관한 특별한 계시를 우리로 하여금 알게 하되, [또 역으로,] 특별 계

---

162 Karl Girgensohn, *Die Religion, ihre psychischen Formen und ihre Zentralidee: Ein Beitrag zur Lösung der Frage nach dem Wesen der Religion* (Leipzig: A. Deichert, 1903).

163 필자의 다음 저서를 참조하라. Herman Bavinck, *Christelijke Wetenschap* (Kampen: J. H. Kok, 1904), 75ff.

시가 없이는 기독교가 해명될 수도 없으며 유지될 수도 없습니다. [98] 이 점에 관한 증거를 요구하는 자는, 최근 브레멘의 설교자 칼트호프(Kalthoff)에게서 어떤 깨달음을 얻을 수 있을 것입니다. 그는 몇 년 전 더 나은 역사적 방법론이라는 명목으로 자유주의 신학에 대항했으며, 자유롭고 자율적인 종교라는 명목으로 "교수들의 그리스도(Professorenchristus)," 곧 이 대학에서는 이렇게 보이고, 저 대학에서는 다르게 보이되, 그러나 민중에게는 꾸준하게 이상적인 모범으로서, 길이요 진리요 생명으로서 설교되어 온 그리스도를 반대했습니다.[164] 그러나 성경

---

164 Albert Kalthoff, *Das Christus-Problem: Grundlinien zu einer Sozialtheologie*, 2nd ed. (Leipzig: Eugen Diederichs, 1903); Albert Kalthoff, *Die Entstehung des Christentums: Neue Beiträge zum Christusproblem* (Leipzig: Eugen Diederichs, 1904); Albert Kalthoff, *Was wissen wir von Jesus? Eine Abrechnung mit Prof. D. Bousset in Göttingen* (Schmargendorf-Berlin: Renaissance (Otto Lehmann), 1904). '역사적 예수'[에 관한 연구가] 아무 소득이 없자, 사람들은 각종 유대교적·그리스적·동양적 요소들로부터 혼합주의적으로 형성된 '신화적 그리스도'를 구성해보려 시도했다. 아르투어 드레브스(Arthur Drews)는 그의 책(Arthur Drews, *Christusmythe* (Jena: Eugen Diederichs, 1909))을 통해서 오랜 시간 동안 많은 찬동을 받았으나, 이제 다시 그의 시간이 다하게 되었다. 이러한 논쟁에 관해서는 다른 많은 저자들 중 다음을 참조하라. Hendrik Marius van Nes, *Historie, mythe en geloof: Jezus Christus en de hedendaagsche wetenschap* (Leiden: Brill, 1912); Benjamin B. Warfield, "Christless Christianity," *The Harvard Theological Review* 5 (1912): 423-473; K. Dunkmann, *Der historische Jesus, der mythologische Christus und Jezus der Christ* (Leipzig: Deichert, 1910); Franz Xaver Kiefl, *Der geschichtliche Christus und die moderne Philosophie: Eine genetische Darlegung der*

이 말하는 특별한 계시는 자연과 역사와 너무 적은 갈등 관계에 놓여 있어서, 오히려 특별 계시가 자연과 역사에게 그것들이 있어야 할 자리를 보여주고 그것들의 참된 의미를 일깨워줍니다. [도리어] 특별 계시는 선험주의적 기계론(de aprioristische meachanische theorie)과 대척점에 서 있습니다. 오늘날 많은 사람들이 선험주의적 기계론을 자연과 역사에 강제로 적용하지만, 있는 모습 그대로의 자연과 역사를 조화롭게 [포착하지는 못합니다.] [99] 자연에서의 인과 관계가 역사 속에서의 다른 더 높은 인과성이 들어오는 것을 방해하지는 않는 것처럼, 다시 인간 세계에서의 인과 관계는 특별 계시를 통한 신적인 인과 관계가 들어와서 자기 자신만의 방식과 법칙을 따라 작용하는 것을 배제하지 않으며, 저지하지도 않습니다.

게다가 이처럼 유기적·인과적 세계관에 부합하는 사실들은, [더 나아가서] 우리가 그것들을 목적론적 관점에서 바라볼 때에 더욱 분명히 이해될 수 있을 것입니다. 왜냐하면 도덕적 세계 질서는 그것이 자연보다 가치에 있어서 훨씬 더 우월하다고 우리에게 큰 소리로 선포하기 때문입니다. 사람이 온 세상을 얻고서도 자신의 영혼에 해를 받으면 무슨 소용이 있겠습니까?

---

philosophische Voraussetzungen im Streit um die Christusmythe (Mainz: Kirchheim & Co., 1911).

기독교 세계관

모든 것은 선(善)의 승리에, 즉 하나님의 이름이 영광 받으시는 데에 종속됩니다. 더 높은 것이 더 낮은 것을 사용한다고 자연과 역사가 우리에게 가르치듯이, 목적인(causa finales)은 자신이 현실화되기 위하여 모든 유효인들, 곧 기계적이고 유기적인, 물리적이고 심리적인 원인들을 수단으로 사용합니다. 우주 전체를 포괄하는 유기적-목적론적 세계관에서 모든 피조물들의 힘들을 자기 아래로 종속시키는 것은 바로 하나님의 능력(energeia)입니다. 일반 계시와 특별 계시를 통해서 하나님의 능력은 피조물들의 유기체(scheppingsorganisme)의 모든 마디마디에 침투하며, 그것들을 유지하고 통치하며, 그것들을 어떤 확정된 목적을 향하여 이끌어갑니다. 그러므로 우리는 믿으며 의심하지 않습니다. 죄는 하나님의 권능을 깨뜨리지 않으며, 오히려 하나님의 권능이 더욱 풍성하게 계시되게 합니다. 세상에 대한 [하나님의] 계획은 구원의 계획 안에서 계속 이어져 갑니다. 비록 역사가 우리로 하여금 아직도 수많은 무질서와 퇴보를 보게 할지라도, 그것은 여전히 그리스도의 미래를 향해 전진해 나가고 있습니다. [100] 하나님께서는 당신의 작정을 실행하시며, 우리는 그분의 약속을 따라서 공의가 거하는 새 하늘과 새 땅을 기대합니다.

4 ─────── 신율적 관점의 정당화

우리의 '이성적 종교'(redelijke godsdienst)[165]가 우리에게 맡겨
준 이러한 세계관을 가지고서, 우리는 이 세대가 생각하는 바
와 추구하는 바들과 완전히 대척점에 서 있습니다. 왜냐하면 아
무리 [이 세대의 정신을] 하나의 공식으로 요약하는 것이 어렵
다고 할지라도, 몇 가지 특징들은 분명히 파악될 수 있기 때문
입니다. 우선 우리는 도처에 그리고 각 영역에 [도사리고] 있
는 큰 불만, 곧 [온갖] 존재하는 것들, 기독교와 교회, 법과 도
덕, 학문과 예술, 가정과 국가와 사회에 대한 큰 불만을 주목할
수 있습니다. 각처에 어떤 새로운 종교, 어떤 새로운 교리, 어

---

165 역자주. 혹은 드려야 마땅한 예배(λογικὴ λατρεία). 다음을 참조하라.
"그러므로 형제들아 내가 하나님의 모든 자비하심으로 너희를 권하노니 너희
몸을 하나님이 기뻐하시는 거룩한 산 제물로 드리라 이는 너희가 드릴 영적 예
배니라(롬 12:1)." "Παρακαλῶ οὖν ὑμᾶς, ἀδελφοί, διὰ τῶν οἰκτιρμῶν τοῦ θεοῦ
, παραστῆσαι τὰ σώματα ὑμῶν θυσίαν ζῶσαν ἁγίαν εὐάρεστον τῷ θεῷ, τὴν
λογικὴν λατρείαν ὑμῶν; (NA26)."

기독교 세계관

떤 새로운 도덕, 어떤 새로운 학문, 어떤 새로운 예술, 어떤 새로운 결혼, 어떤 새로운 형법(刑法), 어떤 새로운 사회를 향한 부르짖음과 추구가 있습니다. 근대적 삶의 두 번째 특징은, 사람들이 어디서나 궁극적 요소들(elementen), 근원적 구성 요소들(bestanddeelen), 소위 실증적이고 반박 불가능한 사실들로 돌아가기를 추구한다는 점에 있습니다. 그리하여 '인식론'에서는 더 이상 감각들의 종합이 아닌 가장 단순한 것으로, 자연에서는 원자들로, 혹은 원자들 역시 가설적 존재이므로 전 세계를 나누는 [단위로서의] 에너지들로, 가정과 사회와 국가에서는 개인들로, 혹은 개인들 역시 종합된 존재이므로, 충동들과 본능들로 돌아가려 합니다. 그리하여 사람들은 최종적으로 이러한 근원적 요소들로부터 어떤 다른, 새로운, 더 나은 세상을 구축하고자 합니다. 학문에서는 오직 단순한 감각들만이 전적으로 신뢰할 수 있다고 간주되지만, 정작 그것은 사람의 뇌를 통해 기계적으로 조직되거나 단지 필요에 의해서나 실천적 동기들 때문에 사람이 이러한 감각들로부터 각종 표상들과 개념들과 세계관들을 구축하는데, 정작 [이런 구축물들은] 현실 속에서 대응물을 가지고 있는 것이 아니라 단지 인간 정신의 배열 때문에 필요하게 되는 것들입니다. [101] [위의 견해에 따르면] 우리의 감각 기관들을 통해서 지각된 세계에서는 에너지들이 최종적인 현실적 구성 요소들이며, 우리는 그것들 이상으로 거슬러 올라갈 수

제3장 생성과 행동

없습니다. 그러나 사람들은 강제에 의해서든 필요에 의해서든 그것들로부터 하나의 통일된 세계(wereldeenheid), 하나의 자연을 형성하는데, 그것은 어떤 객관적 실재성도 가지고 있지 않되 다만 모든 사람의 정신 안에서만 존재하는 것입니다. 그리고 윤리학에서 최종적인 것은 본능들로서, 이 본능들은 사람들로 하여금 점점 결혼과 가족, 사회와 국가 [등의 형태로] 모여 살게 하며, 어떤 특정한 규칙들을 따라서 행동하게끔 하지만, 이러한 제도들이나 규칙들에 어떤 객관적인 이념이 대응하지는 않습니다. 그러므로 어디에서나 비-자아(非-自我, niet-ik)를 창조해내는 자아(ik)만 있으며, 자신 위의 어떠한 권위도 인정하지 않으며 스스로를 완전히 자율적인 존재로 여기는 인간만이 있고, 마지막까지 남아 있는 실재론(realisme)의 [잔재들까지도] 추방하고자 하는 유명론(nominalisme)만이 있을 뿐입니다. 도처에는 '너는 해야 한다'(het: gij zult)보다 더 높이 고취된(zich verheft) '나는 의욕한다'(het: ik wil)로서의 '힘에의 의지'(Wille zur Macht)만이 있을 뿐입니다. 법칙들에 매여 있다는 것은 단지 종교에서뿐만 아니라, 도덕, 법률, 가정, 사회, 국가, 심지어 자연과 학문에서까지도 억압으로 느껴집니다. 논리적 법칙들에 따라 생각해야만 한다는 것, 인간 자신으로부터 독립적인 법칙을 따라서 자연을 보아야만 한다는 것, 진리가 인간 위에 존재하며 오직 어떤 특정한 방식으로만 발견되기를 허락하는 어떤 힘이라고 인

기독교 세계관

정하는 것, 이 모든 것들은 현대의 자율적 인간에게 합당하지 않은 것으로 보입니다.

[102] 기독교 세계관은 바로 이러한 자율성(自律性, autonomie)과 자주성(自主性, anarchie)을 온 힘을 다해 반대합니다. 기독교 세계관에 따르면, 인간은 자율적이지 않으며, 오히려 언제나 어디에서나 자기가 고안해낸 법칙들이 아닌, 하나님께서 그의 삶의 규칙으로 정하신 법칙들에 매여 있습니다. 종교와 도덕, 학문과 예술, 가정과 사회와 국가, 어디서나 이념들, 규범들이 사람의 위에 있는데, 그것들은 서로 하나를 이루며 모든 것들의 창조주와 입법자[이신 하나님] 안에서 그것들의 근원과 존속을 가집니다. 이러한 규범들은 인간에게 부여된 이념적 보화들(schatten)이며, 모든 사회 제도의 토대입니다. [이념들과 규범들은] 단지 우리의 앎과 인식의 토대이기만 한 것이 아니라 우리의 의지와 행동의 토대이기도 합니다. 그것들은 단지 학교에서만 권위를 지니는 것이 아니라, 우리의 삶에서도, 우리의 머리와 가슴, 우리의 사유와 행함에서도 그러합니다. 그리고 인간의 자율(autonomie)이 주체와 객체의 연결고리를 깨뜨리고, 그리하여 모든 것을 그것들의 토대에서부터 해체시켜 혼돈에 이르게 하는 반면, 성경이 우리에게 가르치는 바의 신율(神律, theonomie)은 모든 피조물들이 각자 본래의 자리에 있게 하며 각자 본래의 의미를 갖게 합니다. 그렇다면 어느 누구도, 그 어

떤 것도 스스로 존재하지 않습니다. 어떠한 피조물도 자율적이지 않으며, 어느 누구도, 남자든 여자든, 부모든 자식이든, 임금이든 백성이든, 주인이든 노예든 간에 어느 누구도 자기 임의대로 행할 수 없습니다. 모든 것은 하나님의 법에 매여 있되, 각각의 자리와 각각의 방식에 따라서 그러합니다. 그리고 계약이나 변덕에 따라서가 아니라, 강제나 필요에 의해서가 아니라, 하나님의 섭리에 따라서 모든 것들은 함께 살아가며 작용하되, 모든 것은 서로를 위해 예정되었고, 서로에게 매여 있습니다. 하나님의 생각과 법들은 모든 피조물들의 토대들과 규범들이요, 온갖 좋은 것들과 보물들이며, 모든 피조물들을 연결하고 조직합니다. [103] 하나님의 생각과 법들에게 우리 자신을 지성과 마음, 사유와 행동에 있어 일치시키는 것은 가장 깊은 곳에서부터 하나님의 아들의 형상을 닮게 되는 것입니다. 그리고 이것이 인류의 이상이요 목적입니다.

하나님의 말씀과 법의 객관성을 지키는 것에 있어서 모든 그리스도인들은 서로 일치하며, 또한 이 시대에 [이 일을 위하여] 조화롭게 동역해야 합니다. 왜냐하면 오늘날의 싸움은 더 이상 교황이나 공의회의 권위, 교회나 고백에 관한 것이 아니며, 심지어 많은 사람들에게 있어서는 더 이상 성경의 권위나 그리스도의 인격에 관한 것도 아니기 때문입니다. 오히려 관건이 되는 질문은, 가장 기초적으로, 과연 사람이 거기에 매여 있는 어떠한 권위 자체, 어떤 법 자체가 있느냐 하는 것입니다. 이것이 바로 '가치 전도'(Umwertung)이며, 우리 모두는 이것이 일어나고 있음에 대한 증인입니다. 우리의 눈앞에서 일어나는 진화[에 대한 신봉도] 이러한 가치 전도 현상과 맥락을 같이 합니다. 그리고 이러한 싸움 가운데서 기독교를 [진리로] 고백하는 모든 사람은 진리의 왕국의 깃발 아래로 모여야 합니다.

그러나 이러한 기치는 기독교인들 가운데 다양한 의견들이 있을 수 있다는 점, 그중에서 다른 많은 점들을 논외로 하더라도 특히 객관적인 진리가 어떠한 방식으로 우리에게 주관적인 소유물이 되는지에 관한 다양한 의견이 있을 수 있다는 가능성을 제거하지는 않습니다. 가령, 로마교는 종교 개혁이야말로 요즘 [세상의] 모든 영역에서 타당하다고 받아들여지는 주관주의 (subjectivisme)와 개인주의(individualisme), 자율성(autonomie)과 자주성(anarchie)의 근본적 원인이라고 날이면 날마다 비난합니다. 그래서 로마교에서는 이런 자율성에 대해 형식적으로 제일 처음으로 말한 임마누엘 칸트를 프로테스탄트주의의 대표적인 철학자라고 여깁니다.[166] 그러나 이러한 주장은 비록 좌향적 인

---

166 Willmann, *Geschichte des Idealismus*, 2:574, 3:345, 400; Weiss, *Die religiöse Gefahr*, 40; Josef Müller, *Moralphilosophische Vorträge* (Würzburg: Ballhorn & Cramer Nachfolger, 1904), 30; Michael Glossner, "Kant der Philosoph des Protestantismus," *Jahrbuch für Philosophie und spekulative Theologie*

사들에 의해 매우 강하게 지지받고 있다고 하더라도,[167] 역사와 전적으로 배치(背馳)합니다. [104] 왜냐하면 선입견이 없이 판단하는 모든 사람은 항의하는 것(het protesteeren) 자체가 자율성의 원리로부터 나와야 할 필요는 없다는 것을 인정할 것이기 때문입니다. 선지자들은 끊임없이 그들의 백성에게 항의하며 살아왔습니다. 예수께서는 율법과 선지자의 이름으로 이전의 전통과 사람의 규율에 항의하셨습니다. 모든 항의를 자율성과 자주성으로 치부하려는 사람은 거짓과 부당함이 판을 치게 만들며, 모든 개혁은 악마의 일이라고 선고하기 마련입니다. [그러나] 모든 항의들에 있어 관건은 그 항의가 누구의 이름으로 무엇에 대항하는가 하는 것입니다. 그렇다면 종교 개혁은 그것의 시초부터, 그리스도와 그분의 사도들의 말씀의 이름으로, 로마교회의 교리와 삶의 영역에 침입해 들어온 각종 일탈들에 대항

---

22 ([1907-]1908): 1-23. 특히 고의적으로 편파적이게 역사를 기술하는 다음의 저술을 참조하라: Heinrich Denifle, *Luther und das Luthertum in der ersten Entwickelung*, vol. 1 (Mainz: Franz Kirchheim, 1904). 이에 관한 적절한 논박은 다음의 저술에서 찾아볼 수 있다: Herman Huber Kuyper, *Het zedelijk karakter der Reformatie gehandhaafd tegenover Rome* (Kampen: J. H. Kok, 1912).

167 Friedrich Paulsen, "Kant der Philosoph des Protestantismus," in *Philosophia militans*, 2nd ed. (Berlin: Reuter & Reichard, 1901), 29-83; Julius Kaftan, *Kant, der Philosoph des Protestantismus* (Berlin: Reuther & Reichard, 1904); Otto Flügel, *Kant und der Protestantismus* (Langensalza: H. Beyer, 1900).

기독교 세계관

하는 항의이어 왔다는 점은 의심의 여지가 없습니다. 종교 개혁
은 원칙적으로 인문주의와 구분되는 것이었고, 이탈리아에서부
터 시작되어 계속해서 더 많은 곳으로 퍼져나가는 불신앙을 향
해서는 담을 쌓았으며, 나중에는 로마교와 마찬가지로 '계몽주
의'(Aufklärung)에 대항했습니다. 이 '계몽주의'는 프로테스탄트
국가들에서 더 강하지도 않으며, 로마 가톨릭 국가들에서보다
더 많은 추종자를 갖게 되지도 않았는데, 그렇다면 그것은 종교
개혁으로부터 유래했다기보다는, 종교 개혁의 원리들로부터 떠
남으로써 생겨났다고 설명할 수 있을 것입니다. [105] 그러므
로 칸트는 그렇게 단숨에 루터와 동일시되어서는 안 됩니다. 그
둘은 각자 완전히 다른 종류의 사조들 가운데서 활동했습니다.
루터는 기독교의 위대한 진리들 안에서 그의 힘과 만족을 발견
했으나, 칸트의 시대에 이르러서는 그러한 기독교 진리의 위대
성은 거의 남아 있지 않았습니다. 기독교의 내용에 관한 한, 칸
트의 믿음은 이성주의의 삼부작(de trilogie van het rationalisme)
으로 귀결됩니다.[168] 칸트는 종교 개혁으로부터 나온 프로테스
탄트주의의 철학자가 아니라, 오히려 '계몽주의'의 철학자였습
니다. 그는 루터가 아닌 루소(Rousseau)와 사상적으로 유사합니

---

168 역자주. 칸트의 『순수 이성 비판』(Kritik der reinen Vernunft), 『실천 이성 비판』
   (Kritik der praktischen Vernunft), 『판단력 비판』(Kritik der Urteilskraft)을 말한다.

제3장 생성과 행동

다.[169]

그렇지만 칸트에 대한 프로테스탄트주의 기독교인들의 판단은 어떤 관점에서는 로마 가톨릭에서의 판단과는 다른 성격을 가져야만 할 것입니다. 종교적 진리를 이성적으로 증명 가능한 것이라고 여기며, 그러한 증명들에 기반한 동의가 종교적 믿음 자체라고 간주했던 이성주의(het rationalisme)와 초자연주의(het supranaturalisme)에 반대하여, 칸트는 그렇게 이성적으로 다루어진 교리는 종교적 진리라는 특성을 잃어버린다는 점, 증명들에 집착하는 이성적 동의는 참되고 구원을 가져다주는 믿음일 수가 없다는 점을 감지했습니다. 그런 점에서 칸트는 자기만의 방식으로 처음부터 종교개혁의 것이었던 어떤 사상을 표현합니다. 종교는 이성적으로 증명될 수 있는 교리가 아니며, 종교가

---

169 다음을 참조하라. Bruno Bauch, *Luther und Kant* (Berlin: Reuther & Reichard, 1904); Ernst Katzer, *Luther und Kant: Ein Beitrag zur innern Entwicklungsgeschichte des deutschen Protestantismus* (Giessen: A. Töpelmann, 1910).

위에서 언급된 견해는 [에른스트] 트뢸치(Ernst Troeltsch)가, "Protestantisches Christentum und Kirche in der Neuzeit," in *Kultur der Gegenwart: Ihre Entwicklung und ihre Ziele*, ed. Paul Hinneberg, vol. 1.4 (Berlin & Leipzig: B. G. Teubner, 1906), 253–458에서 옛 프로테스탄트주의와 새 프로테스탄트주의를 구분하고, 전자가 아닌 후자에서 이 시대의 진정한 위기를 본다고 할 때 간접적인 지원을 받는다. 그의 이러한 묘사는 광범위한 토론을 일으켰다. 이에 대해서는 다음을 참조하라. Horst Stephan, *Die heutigen Auffassungen vom Neuprotestantismus* (Giessen: A. Töpelmann, 1911).

기독교 세계관

더 많은 신비를 포함할수록 그것을 받아들이는 것이 더욱 유용하게 됩니다. [106] 또한 종교는 마치 우리에게 법적으로 부과된 의무와도 같은 행위가 아닌데, 그러한 행위는 우리의 도덕적 무능력함을 고치고 구원으로 가는 길을 열어주지 못합니다. 또한 종교는 마치 하나님께서 우리를 위하여 존재하시되 우리는 그분을 위해서 존재하지는 않는다고 [가정하는], 어떤 낭만적인 기분, 심미적인 정서, 우리 인간 본성을 미화하기 위한 수단이 아닙니다. 오히려 종교는 이것들 이상의 것으로서, 이 모든 것들을 다 합친 것들과 다르며 그것들보다 더 높은 것입니다. 종교는 온 지성과 온 마음과 온 힘으로써 하나님을 섬기는 것이고, 살아 계시고 거룩하신 하나님께서 받으실 만한 제물로 자기 자신을 드리는 것이며, 하나님을 우리의 구원의 반석으로, 영원하신 기업으로 무조건적으로 믿는 것입니다. 진리는 객관적이며 우리로부터 독립적으로 존재합니다. 진리는 우리를 향하고 있지 않되, 오히려 우리가 진리를 향하여야 합니다. 그러나 하나님의 지혜가 그리스도 안에서 육신이 되셨듯이, 진리 역시 마찬가지로 우리 안으로 들어와야 하며, 자유의 길 안에서 우리의 개인적이고 정신적인 소유물이 되어야 합니다. 살아 있고 참다운 믿음을 통해서 진리는 우리 자신의 사유와 행동의 구성 요소로 바뀌어야만 하며, 그리하여 온 땅이 주를 아는 지식으로 가득할 때까지 진리가 우리의 바깥에서 확장되어야 합니다. 종교

제3장 생성과 행동

개혁은 바로 이것을 소원해 왔습니다. 그리고 이러한 강력한 종교적 움직임 안에서 개혁주의적 신앙 고백이 이 모든 것들을 가장 명료하게 표현해 왔기 때문에, 그것은 다른 모든 고백들보다 더욱 순수하며, 개혁주의적 세계관은 현시대의 높은 열망들과 울부짖는 필요들에 가장 적합합니다.

간략한 내용 설명

[107] 19세기는 쉽게 특징지어질 수 없지만, 20세기로 넘어가는 시기로서, 어떤 내적인 분열의 시기로 분명히 특징지어질 수 있다. 이러한 분열은 사람들로 하여금 더욱 만족스러운 세계관들을 추구하게 하지만, 이때 기독교 세계관은 업신여김을 받게 된다. 그러나 기독교 세계관이야말로 세계와 삶의 현실에 적합한 유일한 세계관인데, 이 점은 철학의 세 가지 주요 문제들과 관련하여 더욱 분명하게 밝혀진다([원문 기준] 7-14).

첫째로, 사유와 존재의 관계에 관한 문제가 다뤄진다(15-36). 철학에서는 사유와 존재 둘 중 하나가 번갈아 희생되었으며, 그리하여 진리를 올바로 파악하지 못했다. 왜냐하면 진리는 양자, 곧 사유와 존재의 일치 안에 존재하기 때문이다. 우리는 의식의 증언에 기반하여 실재를 받아들이고, 또 사유와 존재의 조화를 믿음으로 받아들일 때에만 진리를 수용할 수 있다. 이 점은 ① 모든 지성적 앎이 시작하는 지각(15-22), ② 표상들을 개념들로 바꾸는 사유 혹은 학문에서 그러한데, 사유 혹은 학문은 세계가 생각에 그 토대를 가지며, 생각으로부터 출현한다고 전제하며 (22-30), ③ [철학에서도, 즉] 이념의 학문으로서, 모든 존재하는 것의 최종적 관념들 혹은 원리들, 즉 하나님을 추구하며, 그러한 점에서 종교와 유사한, 지혜의 추구로서의 철학에서도 그러하다(30-36).

둘째로, 존재와 생성의 관계, 하나와 다수, 하나님과 세계에 관한 문제가 다뤄지는데, 이 문제들의 유일한 해결책은 기독교적인 토대에서만 발견될 수 있다(36-68). [108] 왜냐하면 여기에서도 ① 생성이 존재에게, 그리고 최근에는 특히 존재가 생성에게 희생되기 때문이다. 그러나 물질주의적 그리고 에너지론적(energetische) 세계관, 혹은 달리 표현하자면 기계론적 세계론(wereldverklaring)은 삶과 의식, 객체와 주체를 정당하게 파악하지 못한다(36-45). ② 가장 넓은 의미에서의 자연은, 그것의 요소들, 힘들, 원인들, 법칙들이 굉장히 풍부하게 다양해서, 하나님의 다양한 지혜를 소급지시하며, 다양성을 가장 잘 존중하는 유기적인 세계관을 요청한다(45-57). ③ 기독교 세계관에서만 진화 및 세계의 발전이 그것들의 계획, 경과, 그리고 목적에 있어서 정당하게 파악될 수 있다(57-68).

셋째로, 생성과 행동의 관계에 관한 문제가 다뤄진다(69-106). 많은 사람들은 이 중요한 주제를 다룰 때에 규범들의 절대적인 성격을 포기하며, 심지어 칸트의 자율적 도덕에 머물지도 않고,

기독교 세계관

그리하여 절대적 규범들에 의지하고 있는 도덕적 삶과 인간 공동체 전체를 침식시킨다(69-79). ① 그러나 이념적 규범들은 존재하되, 그것들은 단지 이론적인 중요성만 가지는 것이 아니라, 실천적인 중요성도 가지며, 그것들은 어떤 도덕적 세계 질서, 어떤 전능하고 거룩하신 하나님[의 존재를] 소급지시한다(79-85). ② 이러한 도덕적 질서를 인정할 때에 비로소 죄가 심각하게 다루어지며, 계시와 기적, 구원과 구원사(heilsgeschiedenis)가 존재할 수 있는 여지가 생긴다(85-100). ③ 그리하여 오늘날의 자율성과 무정부주의와는 대조적으로, 신율적인 관점(het theonome standpunt)이 정당화될 것이다. 하나님의 진리는 단지 우리의 위에 초자연적이고 초월적으로 놓여 있는 것이 아니라 자유의 길 안에서 우리의 개인적인 소유물이 된다(100-106).

간략한 내용 설명

번역 용어 일람표

aanschouwing 직관

aanzijn 현존

afleiden 도출하다, 연역하다

autonomie 자율, 자율성

begrip 개념

begrijpen 파악하다

besluit 결론

besluiten 결론을 내리다

bestaan 존재

bewustzijn 의식

buitenwereld 외부세계

categorisch 정언적

denkbeeld 관념

denken 사유

ding 사물

drager 담지자

dwang 강제

dynamistische 동력학적

dynamisme 역본설(力本說)

eigenschap 속성

empirisch 경험적, 경험의

energetiek 에너지론

erkenntnis 인식

erkenntnistheorie 인식론

ethisch 윤리적

existentie 실존

finaliteit 목적성

formeel 형식적

fundament 기초

gedachte 생각

geest(elijk) 정신(적), 영혼(적)

gegeven 소여, 주어진 것

geldig 정당한, 타당한

geldigheid 정당성, 타당성

generatie 발생

geschiedenis 역사

gewaarwording 감각

geweten 양심

gezindheid 성향

hart 마음

기독교 세계관

hebbelijkheid 습성

materie 물질

materialisme 물질주의, 유물론

moeten (명사로서) 필연, 혹은 의무

moreel 도덕적

nadenken 숙고하다 반성하다

natuur 자연, 본성

norm 규범

idealisme 관념론

idee 관념, 이념

ideëel 관념적, 이념적

immanent 내재적

intellect 지성

kennen 알다, 인식하다

kennis 인식, 지식

lichaam 몸, 물체

materialisme 유물론

object 객체

oordeel 판단

plicht 의무

positief 실증적인

psychologie 심리학

realisme 실재론

realiteit 실재, 실재성

rede 이성

reëel 실재적

stof 질료

stoffelijk 질료적

subject 주체

substantie 실체

teleologie 목적론

transcendent 초월적

verstand 지성

verwantschap 유사성

voorstelling 표상

waarheid 진리

waarneming 지각

wereld 세계

werk 일, 작용; (하나님의) 역사(하심), 사역

werkelijk 실제적인

werelijkheid 실재(성), 현실

wet 법, 법칙

weten 앎

wetenschap 학문

wezen 본질, 존재

worden 생성

zedelijk 도덕적

zijn 존재

zinlijk 감각적인

zintuig 감각기관

zonde 죄

zoo-zijn 그러함, 본질

색인

색인

기독교 세계관

인물 색인

본문(성, 이름, 가나다 순)

기독교 세계관

색인

기독교 세계관

기독교 세계관

성구 색인

〈헤르만 바빙크의 교회를 위한 신학〉 시리즈

헤르만 바빙크의 찬송의 제사
- 신앙고백과 성례에 대한 묵상 -

헤르만 바빙크 지음 ┃ 박재은 옮김 ┃ 14,000원 ┃ 208쪽

헤르만 바빙크의 설교론
- 설교는 어떻게 사람을 변화시키는가 -

헤르만 바빙크 지음 ┃ 제임스 에글린턴 엮음 ┃ 신호섭 옮김
216쪽 ┃ 13,000원

헤르만 바빙크의 교회를 위한 신학
- 거룩한 신학과 보편적 교회 -

헤르만 바빙크 지음 ┃ 박태현 옮김 ┃ 13,000원 ┃ 184쪽

헤르만 바빙크의 일반은총
- 차별없이 베푸시는 하나님의 선물 -

헤르만 바빙크 지음 ┃ 박하림 옮김 ┃ 우병훈 감수 및 해설
12,000원 ┃ 168쪽

헤르만 바빙크의 성도다운 성도
- 신실한 헌신으로 예수님을 따르는 그리스도인의 삶 -

존 볼트 지음 ┃ 박재은 옮김 ┃ 30,000원 ┃ 488쪽

함께 읽으면 좋은 〈헤르만 바빙크〉 도서

헤르만 바빙크의 계시철학
- 개정 · 확장 · 해제본 -

헤르만 바빙크 지음 | 박재은 옮김 및 해제
33,000원 | 548쪽

바빙크
- 비평적 전기 -

제임스 에글린턴 지음 | 박재은 옮김 | 이상웅 감수
53,000원 | 744쪽

헤르만 바빙크의 현대 사상 해석
- 현대의 종교, 학문, 사회에 대한 개혁신학적 비판 -

헤르만 바빙크 지음 | 존 볼트 엮음 | 박하림 옮김
35,000원 | 516쪽